Liebe Leserin, lieber Leser,

es freut mich, dass Sie sich für einen Titel aus der Reihe "Studien 2002" entschieden haben.

Diese Reihe wurde von mir zusammengestellt, um einem breiten Publikum den Bezug von herausragenden wissenschaftlichen Abschlussarbeiten zu ermöglichen. Bei den Abschlussarbeiten handelt sich um hochwertige Diplomarbeiten, Magisterarbeiten, Staatsexamensarbeiten oder Dissertationen mit einer sehr guten Bewertung.

Diese Studien beschäftigen sich mit spezifischen Fragestellungen oder mit aktuellen Themen und geben einen guten Überblick über den Stand der wissenschaftlichen Diskussion und Literatur. Wissenschaft und andere Interessierte können durch diese Reihe Einblick in bisher nur schwer zugängliche Studien nehmen.

Jede der Studien will Sie überzeugen. Damit dies immer wieder gelingt, sind wir auf Ihre Rückmeldung angewiesen. Bitte teilen Sie mir Ihre kritischen und freundlichen Anregungen, Ihre Wünsche und Ideen mit.

Ich freue mich auf den Dialog mit Ihnen.

Björn Bedey
Herausgeber

Diplomica GmbH
Hermannstal 119k
22119 Hamburg

www.diplom.de
agentur@diplom.de

Heinz, Axel: Electronic Government und Verwaltungsmodernisierung: Beziehungen, Potenziale und Probleme dargestellt am Beispiel von BAföG online / Björn Bedey (Hrsg.), Hamburg, Diplomica GmbH 2002
Zugl.: Potsdam, Universität, Diplom, 2002

ISBN 3-8324-5686-4

© Diplomica GmbH, Hamburg 2002

Bibliografische Information der Deutschen Bibliothek
Die Deutsche Bibliothek verzeichnet diese Publikation in der Deutschen Nationalbibliografie; detaillierte bibliografische Daten sind im Internet über <http://dnb.ddb.de> abrufbar.

Axel M. Heinz

Electronic Government und Verwaltungsmodernisierung

Beziehungen, Potenziale und Probleme dargestellt am Beispiel von BAföG online

Diplom.de

 Axel M. Heinz, Jahrgang 1972, begann nach Abitur und Zivildienst eine Ausbildung zum Filmkameramann. Nach dem Abschluss und mehreren Produktionspraktika arbeitete er drei Jahre als Kamera-Assistent bei Produktionen diverser Fernsehspiele, TV-Serien und Werbespots. 1997 nahm er das Studium der DiplomVerwaltungswissenschaft an der Universität Potsdam auf. Seit 1998 ist er Mitarbeiter am Lehrstuhl für Verwaltung und Organisation von Prof. Dr. Werner Jann, zunächst als studentische Hilfskraft. Es folgten ein Studienaufenthalt an der University of California/ Berkeley sowie Praktika bei Beratungsunternehmen in Buenos Aires und Berlin.

Seit dem Studienabschluss im März 2002 ist er wissenschaftlicher Mitarbeiter von Prof. Dr. Werner Jann und beschäftigt sich hauptsächlich mit den Themen eGovernment, Verwaltungsmodernisierung, Prozessoptimierung, eLearning und Simulation/ Planspiel.

Axel M. Heinz ist Gründungsmitglied und geschäftsführender Vorstand des Potsdamer Instituts für eGovernment (www.ifg.cc).

Auszüge aus den Prüfungsgutachten

Auszüge aus dem ersten Prüfungsgutachten von Prof. Dr. Werner Jann:

„Die vorliegende Arbeit behandelt einen zentralen Problembereich der aktuellen Verwaltungswissenschaft und -politik, nämlich, wie der Titel schon ausdrückt, die Beziehungen zwischen Verwaltungsmodernisierung und modernen IuK-Technologien und deren Potenziale und Probleme. Besonders positiv ist hervorzuheben, dass diese Fragestellung nicht nur, wie so oft, normativ und präskriptiv behandelt wird (man könnte, man sollte, man müsste), sondern anhand einer aktuellen und relevanten Fallstudie untersucht wird. ...

Diese Fallstudie ist sehr informativ und enthält eine Fülle von interessanten Einsichten. Hier liegt ohne Zweifel eine erhebliche eigenständige wissenschaftliche Leistung vor. ...

Die Arbeit weißt keinerlei formale Mängel auf. Sie ist klar gegliedert und sehr gut lesbar formuliert. Der Autor hat umfassend recherchiert und dabei die deutschsprachige Literatur fast vollständig verwertet. Er hat umfassende Internetrecherchen durchgeführt und dazu eine Reihe von Interviews geführt. Es gelingt ihm ausgezeichnet, diese drei Erkenntnisquellen im Text miteinander zu verknüpfen. Die Darstellung wird durch informative Abbildungen und Tabellen unterstützt. ...

Wünschenswert wäre eine weitere Zuspitzung, z.B. der angedeuteten These, dass Probleme der Umsetzung weniger, wie ja immer wieder gern als Schutzbehauptung unterstellt, an der mangelnden politischen Unterstützung liegen, sondern am mangelhaften Engagement der unmittelbar Beteiligten. E-Government wird eben nicht als Chance begriffen, unbefriedigende fachliche Prozesse zu verändern, sondern umgekehrt wird mit der bekannten und beliebten „Erst-Muss"-Argumentation der Status Quo verteidigt. Erst muss das BaföG-Gesetz geändert werden, dann können wir auch E-Government einführen ...

Auch für diese Arbeit gilt, dass jede gute wissenschaftliche Arbeit immer nur noch mehr Wünsche aufwirft als sie erfüllen kann."

Auszüge aus dem zweiten Prüfungsgutachten von Prof. Dr. Christoph Reichard:

„Die vorliegende Diplomarbeit setzt sich mit dem seit einiger Zeit sehr aktuellen Thema des „E-Government" auseinander und untersucht, inwieweit dieses neue Konzept als „neue", richtungweisende Modernisierungsstrategie im öffentlichen Sektor angesehen werden kann. Sie ist in plausibler Form in drei Hauptteile gegliedert: im ersten Teil wird ein ausführlicher allgemein-theoretischer Überblick über die Kernbegriffe Verwaltungsmodernisierung sowie „E-Government" gegeben. In Teil II wird eine Fallstudienanalyse präsentiert, in der Ansätze zur online-Version des BAföG-Verwaltungsverfahrens dargestellt und diskutiert werden. In Teil III folgen schließlich eine abschließende Bewertung und Kommentierung der Fallergebnisse und daraus abzuleitende Folgerungen. ...

Zunächst wird ein sehr anregendes eigenes Analysemodell zur Beschreibung von Modernisierungsprozessen vorgestellt, woran sich eine ausgewogene, verständliche und zutreffende – indes wenig kritische - Beschreibung der verschiedenen Modernisierungsphasen in den letzten Jahrzehnten anschließt. Besonders gefällt die Tabelle mit dem Abgleich der Spezifika von Modernisierungsprozessen in den 60/70er-Jahren und in den 90er-Jahren.

Die Fallstudie liefert zunächst einen guten Überblick über die mit BAföG verbundenen Verwaltungsprozesse und die beteiligten Akteure (wenngleich einige kritische Hinweise zum Verwaltungsverfahren bereits an dieser Stelle nicht unangebracht gewesen wären). Der nachfolgende Abschnitt beschreibt nochmals ausführlicher die Verwaltungsprozesse, was in sehr nachvollziehbarer, allerdings wiederum ein wenig unkritischer Form geschieht. Die beiden nächsten Abschnitte (5.3 und 5.4) sind ausgesprochen interessant: Sie diskutieren die bisherigen Umsetzungsschritte sowie die sich bietenden Entwicklungsmöglichkeiten bei der online-Abwicklung von BAföG-Prozessen. Besonders beeindrucken hier die Ergebnisse der eigenen Recherchen zu online-Innovationen beim BVA sowie zum (mangelnden) online-Engagement in Brandenburg. Es ist zu wünschen, dass einige der vom Verfasser getroffenen kritischen Feststellungen an die Verwaltungsmodernisierer und E-Government-Reformer in Brandenburg kommuniziert werden, um zu einer Verbesserung der unbefriedigenden Situation beizutragen. ...

Die beiden Kernthemen der Arbeit - E-Government und Verwaltungsmodernisierung – werden plausibel und verständlich bearbeitet und dargestellt. Die Arbeit überzeugt ferner besonders durch die Ausarbeitung einer gut recherchierten und anschaulich präsentierten Fallstudie; dies trägt zum Verständnis der vorgetragenen Überlegungen entscheidend bei. Nicht voll überzeugen kann der Kandidat mit seiner Argumentation, dass sich E-Government zu einem neuen Modernisierungsleitbild entwickelt habe, das ganz oder teilweise an die Stelle des im letzten Jahrzehnt vorherrschenden NPM (bzw. NSM) getreten sei resp. dieses in starkem Maße ergänze. Zumindest das Fallbeispiel BAföG lässt eher den Schluss zu, dass der IuK-Einsatz in der öffentlichen Verwaltung weiterhin einer stark ausgeprägten Rationalisierungslogik mit gewissen „Kundennähe"-Erweiterungen folgt und – zumindest bisher – keinen umfassenden Beitrag zur Verwaltungsmodernisierung (Strukturen, Prozesse, Leistungen usw.) zu leisten imstande ist.

INHALTSVERZEICHNIS

VERZEICHNIS DER ABBILDUNGEN UND TABELLEN

VERZEICHNIS DER ABBILDUNGEN UND TABELLEN

1. Einleitung

In den vergangenen 50 Jahren ist in Deutschland vermutlich kaum ein Politikbereich so kontinuierlich analysiert und kritisiert worden wie die öffentliche Verwaltung. Aus diesem Interesse entstanden unzählige vorausblickende, begleitende oder evaluierende Bemühungen in
Wissenschaft und Praxis, um zur Modernisierung des öffentlichen Sektors beizutragen. Für
die Verwaltungswissenschaft in Deutschland wird dementsprechend immer wieder betont,
dass sie im Kern eine Verwaltungs*reform*wissenschaft sei (JANN 2001, S. 328).

Seit den 1970er Jahren hat parallel die Nutzung der Informations- und Kommunikationstechnik (IuK-Technik) in der Verwaltung so stark zugenommen, dass Behörden heute ohne sie
nicht mehr denkbar sind. Längst geht es nicht mehr um das *Ob,* sondern nur noch um das
Wie (BRINCKMANN 1994, S. 213). In den letzten Jahren scheint sich auch auf das Wie eine
übergreifend akzeptierte Antwort herauszubilden. Nachdem die Internettechnologien in Form
von *E-Commerce* und *E-Business* die Modernisierung im Privatsektor entscheidend geprägt
haben, richtet sich im öffentlichen Sektor der Blick der Verwaltungsreformwissenschaftler
und -praktiker zunehmend auf analoge Lösungen. Internetbasierte IuK-Technologie wird
nicht nur zum unverzichtbaren Produktionsmittel der Verwaltungen, sondern auch zu einer
unübersehbaren Orientierung in der Verwaltungsreform, die gegenwärtig als *Electronic Government* bzw. *E-Government* bezeichnet wird.

Unübersehbar ist E-Government vor allem für die Adressaten von Verwaltungsdienstleistungen. Das Modernisierungsverhalten von Behörden konnte vermutlich niemals so transparent und deutlich nachvollzogen und verglichen werden wie durch die Darbietung ihrer Informationen und Serviceangebote im Internet. Entsprechend steigt jährlich die Anzahl der
Bundes-, Landes- und Kommunalbehörden, die eigene Informationsangebote im Internet
verfügbar machen. Eine kleine, aber wachsende Gruppe von Vorreitern stellt bereits Geschäftsprozesse im Internet zur Verfügung und begibt sich auf den Weg zur so genannten
virtuellen Verwaltung (KPMG 2001, S. 12).

Wie lässt sich dieses Phänomen verstehen und in welchem Verhältnis steht es zur Verwal-
tungsreform in ihrer bisherigen Ausprägung? Auf welche Weise kann diese Orientierung zur
Veränderung und Modernisierung der Verwaltung beitragen und welche Hindernisse und
Risiken ergeben sich dabei?

1.1   Fragestellung

Das Anliegen dieser Arbeit ist, die Beziehungen zwischen Verwaltungsmodernisierung und
E-Government systematisch darzustellen, um ein genaueres Verständnis über Wirkungs-

weise, Potenziale und Probleme dieser neuen Orientierung zu erhalten. Dazu sollen Antworten auf folgende Fragen gefunden werden:

1. Was ist unter Verwaltungsmodernisierung und Electronic Government zu verstehen? Wodurch wird beides gekennzeichnet, wo gibt es Berührungspunkte und Wechselwirkungen?

2. Welches sind die Modernisierungspotenziale von E-Government? Welche Probleme können bei E-Government-Projekten auftreten?

3. Was muss E-Government leisten, um einen Beitrag zur Verwaltungsmodernisierung darstellen zu können? Welche Erfolgsanforderungen muss E-Government im Zusammenhang mit Verwaltungsmodernisierung erfüllen?

1.2 Vorgehen

Die Fragestellung impliziert, dass es in dieser Arbeit nicht darum geht, kausale Zusammenhänge zwischen Verwaltungsreform und E-Government zu überprüfen, um etwa verallgemeinerungsfähige Aussagen über Erfolgsanforderungen zu formulieren. Hingegen wird versucht, durch ein heuristisches Verfahren den Antworten auf die Leitfragen schrittweise näher zu kommen und sie durch die Untersuchung eines konkreten Falls zu präzisieren.

Dazu wird die Untersuchung in drei Teile gegliedert. Im ersten Teil wird in einem breiteren Kontext nach Antworten auf die beiden ersten Fragen gesucht. Zunächst soll daher entwicklungsgeschichtlich dargestellt werden, wie sich sowohl Verwaltungsreformen als auch Electronic Government in Deutschland ausgeprägt haben. Zusätzlich wird nach Markierungspunkten gesucht, um Beziehungen und Wechselwirkungen zwischen beidem hervortreten zu lassen. Zum Schluss des ersten Teils sollen im Anbetracht vorheriger Schlüsse Modernisierungspotenziale und Probleme von E-Government breit aufgefächert werden.

Im zweiten Teil wird durch eine Fallstudie die Umsetzung eines E-Government-Prozesses detailliert dargestellt. Für die Untersuchung wurden BAföG-Dienstleistungen im Internet (*BAföG online*) gewählt. Im Verlauf der Studie wird dargelegt, weshalb *BAföG online* zu einem E-Government-Pilotprojekt wurde und sich daher besonders gut für eine Fallstudie eignet. Die Leitfragen werden dabei dem Gegenstand der Fallstudie entsprechend konkretisiert. Eine Auswahl der im ersten Teil ausgebreiteten Potenziale und Probleme soll in der konkreten Situation nachvollzogen und für den Fall präzisiert werden.

Im dritten und abschließenden Teil sollen zunächst anhand der Fallstudie Erfolgsanforderungen gesucht werden, um die konkretisierten Modernisierungspotenziale zu verwirklichen und die fallspezifischen Hindernisse zu überwinden. In einem letzten Schritt wird schließlich diskutiert, welche generellen Schlussfolgerungen sich durch die Ergebnisse der Arbeit für die erfolgreiche Verwaltungsmodernisierung nach Konzeptionen des E-Government gewinnen lassen.

TEIL I

2. Verwaltungsmodernisierung im Überblick

Zumindest in quantitativer Hinsicht kann der öffentlichen Verwaltung ein reges Reformverhalten zugesprochen werden. Den pauschalen Vorurteilen über die unbewegliche und verkrustete Bürokratie zum Trotz lassen sich seit der Neukonstruktion der ministeriellen Verwaltungsorganisation in Preußen nach 1806 unzählige Reformversuche und Modernisierungsaktivitäten nachweisen. Dieser Reformeifer lässt eine gewisse Anpassungsfähigkeit vermuten, die für die institutionelle Stabilität und die politische Funktionalität des Staatsapparates einen bedeutsamen Beitrag leistet (SEIBEL 1997, S. 87f). Wie kaum ein anderer Politikbereich steht die öffentliche Verwaltung seit Beginn der Bundesrepublik im Zentrum öffentlicher Kritik und wurde daher auch kontinuierlich mit Modernisierungsvorschlägen und Reformbemühungen bedacht. Entsprechend verzichtet kaum ein Regierungsprogramm auf Bundes- oder Landesebene auf Ankündigungen, ihre Behörden einer gründlichen Überholung zu unterziehen (JANN 2001, S. 328).

Für diese Aktivitäten existieren unterschiedliche Bezeichnungen. Entsprechend der Zielrichtung, des Zeitpunktes, Umfangs, Leitbildes oder Auditoriums werden neben *Reform* Begriffe wie *Verwaltungsvereinfachung* und *-modernisierung, Transformation, Innovation, Verwaltungsentwicklung* oder *Re-Engineering* verwendet. Im Grunde kennzeichnen diese Begriffe:

„... deliberate changes to the structures and processes of public sector organizations with the objective of getting them (in some sense) to perform better."

(POLLITT/BOUCKAERT 2000, S. 17)

Ziel dieser Handlungen ist also in erster Linie, den Unterschied zwischen wahrgenommener und erwünschter Leistung im öffentlichen Sektor (*Performance Gap*) zu verringern (BECKER 1989, S. 907). Verdichtet auf die öffentliche Verwaltung geht es demnach um Veränderungen von Strukturen und Prozessen in Behörden mit dem Ziel, deren Leistungsfähigkeit zu verbessern (*Output*). Davon zu differenzieren sind längerfristige Erwartungen (*Impact, Outcome*), die als externe Veränderungsziele erwünschte Auswirkungen auf die Gesellschaft ausdrücken, wie etwa Wirtschaftswachstum oder zufriedenere Bürger. Demnach sind Verwaltungsreformen der Versuch, durch absichtsvolle Modifikationen von Strukturen und Prozessen der öffentlichen Verwaltung das Verwaltungshandeln und damit schließlich die Ergebnisse und Wirkungen anderer Politikinhalte zu verändern (JANN 2001, S. 332f).

Im Folgenden sollen für diese Modifikationen die Begriffe *Verwaltungsreform* und *Verwaltungsmodernisierung* synonym verwendet werden, wobei jedoch zu betonen ist, dass sie eine bedeutsame, nicht marginale Veränderung des Verwaltungszustandes oder des Verwaltungstypus kennzeichnen, ohne diesen völlig abzuschaffen (BECKER 1989, S. 901).

Doch was führt zu nicht marginalen Verwaltungsmodernisierungen? Welche Kräfte sind am Werk, um Reformen auszulösen und später wieder umzulenken oder aufzuheben? Welche Strategien und Elemente beinhalten sie und in welcher Richtung sollen diese wirken? Um über solche Fragen ein besseres Verständnis zu erlangen, sollen zuerst unterschiedliche Markierungspunkte von Verwaltungsmodernisierungen herausgearbeitet werden. Diese Charakteristika bilden einen Betrachtungsrahmen, durch den die Vielzahl der Reformaktivitäten der vergangenen Jahrzehnte geordnet dargestellt werden kann. Damit lässt sich nachvollziehen, ob die vielfältigen Modernisierungshandlungen von Bundes-, Landes- und Kommunalbehörden in Deutschland gewissen Zusammenhängen folgen und eine bestimmte zeitliche oder inhaltliche Ordnung zu beobachten ist.

2.1 Ein Betrachtungsrahmen der Verwaltungsmodernisierung

Nach KÖNIG kann die öffentliche Verwaltung als soziales System verstanden werden, das aufgrund eigener Ordnung, aber vor allem aufgrund von Umweltbedingungen existiert und funktioniert. Vorrangig sind es Veränderungen in den Umweltbedingungen, die zum Anpassungs- bzw. Modernisierungsverhalten der Verwaltung führen bzw. deren Akteure veranlasst, Änderungen der eigenen Ordnung vorzunehmen. Demnach geht es bei Reaktionen auf Umweltbedingungen nicht nur um adäquate Inhalte von staatlichen Programmen, sondern auch darum, wie diese zu Stande kommen sollen, wie also geplant, reguliert und verhandelt wird und wie effizient und wirksam dies geschieht. Wenn die Verwaltung Entfremdungsvorwürfe wie Unpersönlichkeit, Regelformalismus, Beamtenjargon etc. vermeiden will, muss sie den Veränderungen ihrer Umwelt auch mit veränderten Binnenstrukturen und –prozessen entsprechen (KÖNIG 1997, S. 19f).

Entsprechend den Zielen von Verwaltungsreformen, differenziert SEIBEL zwischen *externem* und *internem* Problemdruck, der zur Modernisierung führe. Dabei erzeugen veränderte Umweltbedingungen externen Problemdruck und verlangen nach strukturellen Anpassungen der Verwaltung insbesondere in den Bereichen Organisation und Recht, um politische Probleme zu bewältigen. Beim internem Problemdruck hingegen handelt es sich um effizienzmindernde Dysfunktionalitäten in der Verwaltungsstruktur, die auf personelle und fiskalische Reformhandlungen abzielen, jedoch keinen direkten politischen Reformzweck haben (SEIBEL 1997, S. 89f). Auch wenn SEIBEL diesem zweiten Problemdruck nur begrenzten Erfolg zuspricht, soll hier mit WOLLMANN argumentiert werden, dass weniger die Quelle des Problemdrucks für einen Modernisierungsschub entscheidend ist als das Vorhandensein eines hinreichenden Modernisierungsimpulses. Impulse, die tatsächlich einen Modernisierungsschub auslösen können, der über marginale, inkrementale Anpassungen hinaus reicht, erkennt er insbesondere in folgenden Situationen (im Folgenden: WOLLMANN 2000a, S. 725):

1. Ein (international) dominantes Modernisierungsmodell beeinflusst den innerstaatlichen Diskurs, führt zu Kritik am existierenden Verwaltungstypus und verschafft einem neuen Verwaltungsverständnis (oder auch Leitbild) Akzeptanz und Gefolgschaft. Beispiel: Planungsoptimismus, privatwirtschaftlicher Managerialismus

2. Eine veränderte sozio-ökonomische Situation erzeugt Problemdruck und drängt auf angemessene Modernisierung der administrativen Strukturen und Prozesse. Beispiel: kritische Budgetsituation, Konvergenzkriterien des Maastricht-Vertrags, Finanzkrisen

3. Es herrscht breiter Konsens (Modernisierungskoalition) zwischen politischen und gesellschaftlichen Lagern über die Notwendigkeit und ungefähre Ausrichtung der Modernisierung, der auch Interaktionen zwischen Politik, Verwaltung und Wissenschaft einbezieht. Beispiel: breite Akzeptanz der Notwendigkeit neuer Steuerungsmodelle in der Kommunalverwaltung

Es lässt sich jedoch folgern, dass obwohl der Problemdruck sowohl verwaltungsextern wie intern seinen Ursprung haben kann, der Modernisierungsimpuls und damit der Reformschub meist außerhalb entsteht und hinreichenden politischen Konsens sucht. Politisch unterstützt findet der Reformimpuls jedoch seinen Weg in die Behörden, wo er von professionellen Verwaltungseliten weitgehend selbständig auf den Weg der Umsetzung gebracht wird (SEIBEL 1997, S. 91).

Häufig wird ökonomischer bzw. fiskalischer Problemdruck als besonders wirksamer Impuls oder gar als Voraussetzung für entschlossene Verwaltungsmodernisierungen hervorgehoben. Erfahrungen aus OECD-Ländern belegen jedoch, dass ökonomische Krisen eher den Rückfall in traditionelle Krisenbewältigungsmuster bewirken und dass kein nachvollziehbarer zeitlicher Zusammenhang zwischen ökonomischer Krise und Modernisierung besteht. Auch wenn ökonomische Probleme Effekte auf das Reformverhalten von Verwaltungen haben, so bildet eher politische Mobilisierung den Antriebsmotor für einen Modernisierungsdiskurs (NASCHOLD 1995, S. 12). Die Gründe für politisches Engagement können aber auch nicht-fiskalischer Art sein und etwa durch ungünstige Wettbewerbspositionen, Imageprobleme, Kritik von Bürgern und Unternehmen etc. entstehen. Schließlich bleibt festzustellen, dass auch die Verwaltung selbst kontinuierlich Vorschlägen auf die Reformagenda verhilft, da sie von den Reformvorhaben am direktesten betroffen sind und dabei eigene Interessen berührt werden (JANN 2001, S. 331).

Wie sich der Modernisierungsdiskurs inhaltlich entwickelt (im Sinne einer abhängigen Variablen) und zu welchen Strategien er führt, hängt von der Konstellation prägender Faktoren ab (im Sinne von unabhängigen Variablen). Ein international verbreitetes Reformmodell kann in verschiedenen Staaten daher von der Planung bis zur Implementation sehr unterschiedliche

Ausprägungen annehmen bzw. in einem Staat zu starken Veränderungen führen und in einem anderen kaum spürbar werden (POLLITT/BOUCKAERT 2000, S. 38). Die Vielzahl solcher Faktoren lässt sich in drei Gruppen zusammenfassen:

1. Institutionelle Ausgangsbedingungen werden als verwaltungspolitisches Problem wahrgenommen und bestimmen die Rahmenthemen des Diskurses bzw. begrenzen dessen Reformobjekte. Beispiele: Zentralitätsgrad des Systems, Umfang des Staatssektors und dessen Dienstleistungsspektrum, interner Hierarchisierungsgrad des Verwaltungsmodells (WOLLMANN 2001, S. 4; KÖNIG/FÜCHTNER 1998, S. 16).

2. Die Tradition und Kultur des Verwaltungs- und Rechtsmodells hat Auswirkungen auf die Bedeutung von Regelsteuerung, auf die Deutlichkeit der Trennung zwischen privatem und öffentlichem Sektor, die Zulässigkeit informeller Arrangements oder die Rekrutierung des Personals und deren Denkweisen (juristisch vs. wirtschaftlich) (WOLLMANN 2000a, S. 720f).

3. Die Zusammensetzung der Modernisierungskoalition (Politiker, Verwaltungspraktiker, Wissenschaftler, Wirtschaftsvertreter, Gewerkschaftler, Unternehmensberater etc.) kann beeinflussen, nach welcher Richtung sich der Diskurs öffnet oder verschließt. Es kann also von dem Hintergrund der Modernisierer abhängen, ob etwa eine geschlossene, politikzentrierte oder eher eine offene, wissenschaftszentrierte Debatte geführt wird und welche Lösungsmöglichkeiten erwogen werden. Der Wechsel parteipolitischer Mehrheiten und deren politisch-ideologische Orientierung wirken zusätzlich auf den Kontext ein (WOLLMANN 2001, S. 5)

Sobald Reformbewegungen zur Leistungsverbesserung der Verwaltung initiiert sind und in politischen Diskursen aus Leitbildern Modernisierungsagenden entstehen, eröffnet sich der Verwaltung eine außerordentliche Vielfalt von Veränderungsmöglichkeiten. Aus der Summe solcher Optionen lassen sich, auch im internationalen Spektrum, drei Reformstrategien identifizieren. Wenn diese Strategien hier separiert dargestellt werden, so dient es vorwiegend dazu, deren Wirkungsrichtung herauszustellen. In der Realität treten jedoch in den Modernisierungsprogrammen üblicherweise Mischformen auf, die sich aus allen Bereichen speisen. Ein Grund dafür besteht darin, dass über die generellen Ziele der Verwaltungsreform zwar relative Einigkeit besteht, die Mittel zur Erreichung dieser Ziele jedoch stark kontrovers diskutiert werden und zu Kompromissen führen (JANN 2001, S. 334).

Getrennt voneinander können die Strategiebereiche folgendermaßen zusammengefasst werden: (im Folgenden: KÖNIG/FÜCHTNER 1998, S. 17f; BECKER 1989, S. 919f):

1. Verantwortungstransfer aus dem öffentlichen in den privaten oder dritten Sektor, zum Beispiel durch

   - Transfer von Eigentumsrechten durch Vermögensprivatisierungen

   - Contracting Out als zeitlich begrenzte Auslagerung von Aufgaben

   - Mischformen wie Public Private Partnerships, bei denen sich öffentliche und private Partner die Gesellschaftsanteile teilen

   - Deregulierung, Kürzung von Sozialtransfers, Subventionsabbau

2. Optimierungen der Verarbeitungsstrukturen und –prozesse im Binnenbereich, zum Beispiel

   - Veränderungen der institutionellen, makrostrukturellen Arrangements (Agencies, segmentierte Produktionseinheiten etc.)

   - Veränderungen von mikrostrukturellen Bausteinen der Behörde (vergrößerte Referate, flachere Hierarchien etc.)

   - Veränderungen der generellen Rationalität des Verwaltungshandelns (Kundenfreundlichkeit, virtueller Wettbewerb, Ergebnisverantwortung etc.)

   - Veränderungen der Entscheidungsprozesse und Verfahren in der Behörde (Re-Engineering)

   - Veränderungen des Verhältnisses von Politik und Verwaltung und Einführung neuer Steuerungs- und Kontrollinstrumente (Kontrakte, Budgetierung, Kosten- und Leistungsrechnung, Controlling etc.)

   - Veränderungen in der Verwendung von Technologien und Methoden

   - Veränderungen des Verwaltungspersonals (Quantität und Qualität)

3. Abbau von Verwaltungsleistungen bzw. *down sizing*

   - Veränderung der Ressourcenzuführung (Sparpakete)

   - Programm-, Organisations- und Personalabbau

Für das Zusammenwirken von Modernisierungsimpulsen, prägenden Faktoren und Reformstrategien bietet Abbildung 1 einen vereinfachten Betrachtungsrahmen. Darüber hinaus soll prozessual verdeutlicht werden, dass Modernisierungsprozesse nicht zwangsläufig zu erfolgreicher Implementation von Reformagenden führen, sondern dass erfolglose Programme auch ohne Wirkung verschwinden können. Weiterhin können durch veränderte Rahmenbedingungen neue Modernisierungs-prozesse zu Stande kommen, die vorangegangene ersetzen oder verändern. Im folgenden Kapitel sollen die Modernisierungsaktivitäten der deutschen Verwaltung seit den 1960er Jahren anhand dieses Rahmens betrachtet werden.

Abbildung 1: Prozessualer Betrachtungsrahmen für Verwaltungsmodernisierungen

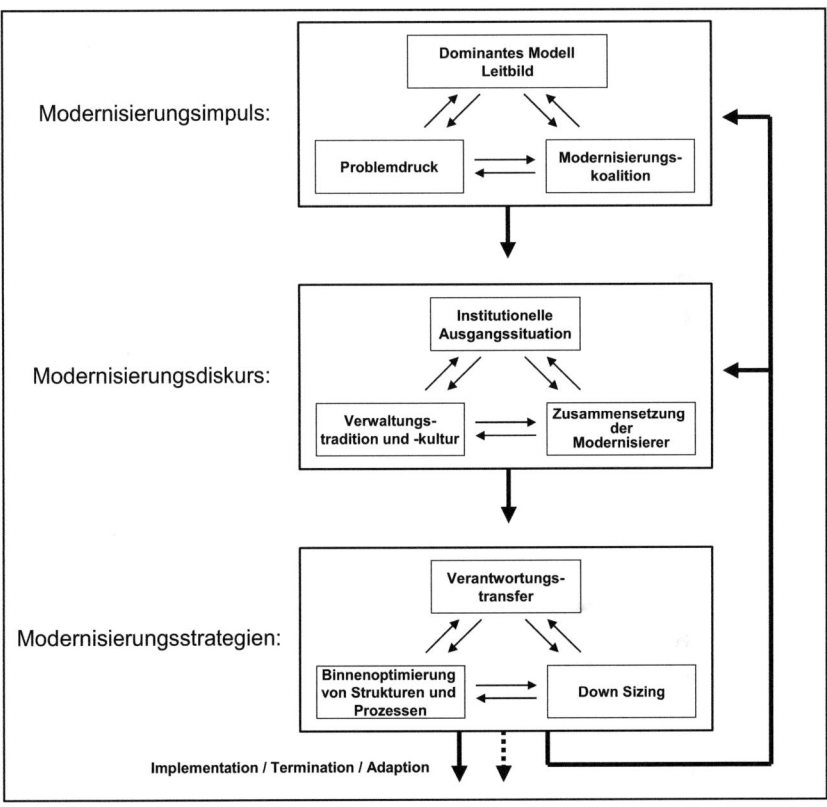

(eigene Darstellung)

Die wichtige Frage, was für Erfolg und Misserfolg von Verwaltungsmodernisierungen verantwortlich ist, lässt sich aufgrund des Mangels einer generellen Theorie nur annäherungsweise beantworten. Das Erkenntnisinteresse und die Methodologie der analytischen Wissenschaftstheorie, welche nach MAYNTZ für die Implementation komplexer politischer Programme nicht optimal angemessen erscheinen (MAYNTZ 1983, S. 9), können dementsprechend auch Modernisierungsprogramme nur schwerlich erfassen. Implementationsuntersuchungen haben als Projekte der Policy-Forschung überwiegend Fallstudiencharakter, deren Erkenntnisziel nicht primär umfassende Verallgemeinerungen sind, sondern „vielmehr ein möglichst differenziertes Verständnis der internen Dynamik, der Eigenarten und Ursachen spezifischer komplexer Prozesse" (MAYNTZ 1983, S. 14). Dennoch ist der Übergang von der deskriptiven und empirischen Policy-Forschung zu informierender und präskriptiver Beratung fließend, auch wenn der Verallgemeinerungsgrad gering bleiben muss (JANN 2001, S. 324f).

So wird von BOGUMIL und SCHMID etwa anhand von Fallstudien argumentiert, dass Reformkonzepte häufig eine zu rationalistische Sicht von Veränderungsprozessen in Verwaltungsorganisationen haben und an der Realität zu scheitern drohen. Da auch Reformen (verwaltungs-)politische Prozesse durchlaufen, kommen Implementationsprobleme und mikropolitische Widerstände der Adressaten, nämlich der Verwaltungsmitarbeiter, zum Tragen. Heimliche „Mauscheleien", Interessenkonvergenzen oder der Kampf um Positionen und Besitzstände können in Reformstrategien nur selten Berücksichtigung finden (BOGUMIL/SCHMID 2001, S.112). Auf solide politische Unterstützung sowie eine engagierte Verwaltungsführung können komplexe Verwaltungsmodernisierungen daher kaum verzichten, um zumindest das Stadium der Implementation zu erreichen (BANNER 2001, S. 290). Zudem wird auch dem richtigen Zeitpunkt, in dem mehrere reformbegünstigende Situationen gemeinsam wirken und ein *Window of Opportunity* öffnen, Bedeutung für Tragweite und Erfolg von Verwaltungsmodernisierungen beigemessen (WOLLMANN 1996, S. 11; kritischer: BECKER 1989, S. 912).

Weiterhin scheint das richtige Ausmaß von Modernisierungsaktionen zwischen kaum spürbarem Inkrementalismus und „großen Strategien", die aufgrund ihrer Komplexität und Kompliziertheit meist nur symbolische Wirkung entfalten, für den Erfolg bedeutsam zu sein (NASCHOLD 1995, S. 12). An dieser Stelle sei zusätzlich an die institutionellen Rahmenbedingungen erinnert, unter denen in der Bundesrepublik Deutschland Verwaltungsreformpolitik entworfen, implementiert oder terminiert wird. Durch das föderative System und die kommunale Selbstverwaltung existiert kein übergreifendes Reformzentrum bzw. keine hierarchische Modernisierungsspitze. Vielmehr finden fragmentierte, inkrementale Modernisierungsprozesse auf den verschiedenen Ebenen statt, die jedoch durch Politikverflechtung zu lebendigem Informationsaustausch und zu Konkurrenzbeziehungen führen können und wechselseitig Anstoß- und Lerneffekte ermöglichen (WOLLMANN 1996, S. 9ff).

2.2   Phasen der Verwaltungsmodernisierung in Deutschland seit den 1960er Jahren

Legt man einen Betrachtungsrahmen wie in Abbildung 1 zu Grunde und versucht, die Vielzahl der Reformaktivitäten nicht nur zeitlich, sondern auch inhaltlich zu ordnen, so lassen sich seit den späten 1960er Jahren in Deutschland mehrere Modernisierungsphasen voneinander unterscheiden. Eine Phase kennzeichnet hierbei eine Vielzahl unterschiedlicher Reformhandlungen von Behörden, die durch einen bestimmten Impuls ausgelöst wurden und einem spezifischen Diskurs zugehören, der wiederum zu bestimmten strategischen Maßnahmebündeln führt. Die vielfältigen Reformhandlungen können dann zeitlich und inhaltlich zusammengestellt und von Orientierungen und Aktivitäten anderer Phasen unterschieden werden.

Zwei dieser Phasen erscheinen aufgrund besonders umfassender Reformanläufe wie Modernisierungswellen: Erstens der Reformschub in den späten 1960er und frühen 1970er Jahren um die Stärkung der politisch-administrativen *Planungsfähigkeit* und zweitens die betriebswirtschaftlich durchdrungene Modernisierungsdiskussion, die sich international unter dem Begriff *New Public Management* etablierte und seit Beginn der 1990er Jahre in Deutschland als *Neues Steuerungsmodell* seinen Platz fand (WOLLMANN 2000b, S. 195). In den 70er und 80er Jahren, also im Tal zwischen diesen Modernisierungswellen, handelte es sich hingegen überwiegend um graduelle, verstreute Reformhandlungen die sich im Schwerpunkt um Aufgabenabbau und Deregulierung rankten (WOLLMANN 1996, S. 18). Nach dem Regierungswechsel auf Bundesebene von 1998 scheint sich durch die rot-grüne Koalition eine neue Phase abzuzeichnen, die unter dem Namen *Aktivierender Staat* eingeführt wurde. Es erscheint jedoch noch verfrüht, um darin eine übergreifende Modernisierungswelle auszumachen. Zudem ist das Modell bislang vorwiegend auf Bundesebene im Diskurs. Im Folgenden werden die einzelnen Phasen näher skizziert.

2.2.1 Planungseuphorie in den 1960er und 1970er Jahren

Die ersten 20 Jahre nach dem Zweiten Weltkrieg waren durch politische und administrative Konsolidierung sowie ökonomischen Aufschwung gekennzeichnet. In den mittleren 60er Jahren jedoch wurde die leichte wirtschaftliche Rezession mit Sorge aufgenommen. Die zunehmenden internationalen Konkurrenzbeziehungen erschienen für die langfristige wirtschaftliche Überlebensfähigkeit sowie die soziale Sicherheit als Problem, auf das es auch mit einer Reform der Verwaltungskapazitäten zu reagieren galt.

Von den Sozialdemokraten initiiert und von den maßgeblichen politischen und gesellschaftlichen Kräften unterstützt, gelangte die Modernisierung des Politik- und Verwaltungssystems auf die politische Agenda der sozial-liberalen Koalition. In der internationalen Diskussion gewann parallel die Vorstellung an Boden, wirtschaftliche Stabilität und soziale Wohlfahrt vor allem durch expansive Sozial- und Infrastrukturmaßnahmen zu sichern und die Leistungsfähigkeit und Problemlösungskapazität des Staates durch Ansätze rationaler Politikgestaltung und extensiver Planung zu erhöhen (WOLLMANN 1996, S. 12f). Auch im bundesdeutschen Diskurs gewannen Konzepte an Anhängerschaft, welche aktive Politik und den Ausbau von Planungsorganisation und Informationskapazitäten von Regierung und Verwaltung forderten, um den Folgeproblemen gesellschaftlichen und wirtschaftlichen Wachstums zu begegnen (MAYNTZ/SCHARPF 1973, S. 115ff). Im Kern richtete sich die Modernisierungsbewegung demnach auf die Steigerung der Planungsfähigkeit der Exekutive, deren *Performance Gap* in der langfristigen, koordinierten Steuerung verortet wurde und die Anpassung des Regierungs- und Verwaltungsmanagements anhand der Erfordernisse einer wachsenden Industriegesellschaft behindere.

Die ersten Initiativen und Ansätze dieser Reformphase gingen von Bund und Ländern aus, womit die damalige Bundesrepublik im europäischen Vergleich zu den Spitzenreitern gehörte (WOLLMANN 2000c, S. 919). Auf Bundesebene lag der Schwerpunkt darin, die Leistungsfähigkeit von Planungs- und Informationseinheiten und -verfahren im Kanzleramt und den Bundesministerien zu verbessern, nach Möglichkeit unterstützt durch Computersysteme.

Zuvor hatten die Kleinteiligkeit der ministeriellen Arbeitsorganisation und die Zersplitterung der Zuständigkeits- und Verantwortungsbereiche auch in den planenden Referaten zu selektiver Problemperzeption sowie negativer Koordination geführt und verhinderte innovative, pro-aktive Politikentwürfe im Ansatz. Die Projektgruppe Regierungs- und Verwaltungsreform (*PRVR*), 1968 unter Federführung des Bundesinnenministeriums eingesetzt, empfahl daher strukturelle Reformen der ministeriellen Aufbau- und Ablauforganisation entsprechend den Erfordernissen langfristiger politischer Planung. Wesentliche Reformelemente bestanden im Abbau bzw. Zusammenlegen von Kleinstreferaten, die mit homogenen Aufgaben betraut waren, sowie in der Einrichtung temporärer Projektgruppen für zuständigkeitsübergreifende Tätigkeiten. Darüber hinaus sollte die Leitungsebene verstärkt und von Detailfragen entlastet werden, um Planungsressourcen für Innovationsinitiativen auszubauen. Dazu setzte man 1969 im Bereich der beamteten Staatssekretäre so ge-nannte Planungsbeauftragte ein. Ihre Gesamtheit bildete den Planungsverbund der Regierung unter Geschäftsführung der neuen Planungsabteilung des Bundeskanzleramtes und sollte ein Informations- und Koordinationssystem der Ministerien ausarbeiten (KÖNIG/ FÜCHTNER 2000, S. 66ff).

Weiterhin wurde mit der Einführung der mittelfristigen Finanzplanung 1967 ein Instrument etabliert, das als ressortübergreifendes Querschnittsprogramm eine haushaltskonsolidierende, wachstumsfördernde und politisch verbindliche Gesamtkonzeption vorsah. Die Haushaltsaufstellung sollte nicht mehr aus der bloßen Addition von Ressortansprüchen hervorgehen, sondern der konjunkturellen Steuerung und finanziellen Planung im Sinne des keynesianischen Lenkungsgedankens Vorschub leisten (ebd. S. 68).

Darüber hinaus unternahmen die Bundesländer mit weit rechenden Gemeinde- und Kreisgebietsreformen von 1967 bis 1974 einschneidende Veränderungen. Um Planungskapazitäten und -effizienz zu erhöhen, teilten die Landesregierungen überwiegend die Ansicht, dass eine Übereinstimmung von Planungsraum und kommunalem Gebietszuschnitt herzustellen sei. Durch Maßstabsvergrößerungen würde der Aufbau von Fachverwaltungen rentabler und die Verwaltungskraft der (vergrößerten) Kreis- und Stadtbehörden gestärkt (WOLLMANN 1996, S.

13f). Nach den Gebietsreformen verringerte sich bundesweit die Zahl der Gemeinden von 24.282 auf 8.501 und die Anzahl der Kreise und kreisfreien Städte von 564 auf 328 (SEIBEL 1997, S. 95).

Zusätzlich führte die Finanzreform vom 13. Mai 1969 zu einer Neuverteilung des Steueraufkommens zwischen Bund, Ländern und Gemeinden. Durch die Einbeziehung der Umsatzsteuer in die Verteilungsmasse sollten Länder und Gemeinden unabhängiger von konjunkturellen Schwankungen werden, um längerfristige Planungs- und Finanzierungssicherheit zu fördern. Die gleichzeitige Aufnahme von Gemeinschaftsaufgaben ins Grundgesetz (Art. 91a GG) stellte bereits gängige Kooperationen von Bund und Ländern bei der Planung und Finanzierung etwa des Hochschulbaus, der Wirtschaftsstruktur- und Forschungsförderung oder der Bildungsplanung auf eine institutionelle Grundlage (EICHHORN u.a. 1991, Stichworte: Finanzreform und Gemeinschaftsaufgabe).

Weiterhin unterstützten die Länder die Kreise und Kommunen bei der Einrichtung neuer institutioneller und personeller Ressourcen insbesondere in den Bereichen der Sozial-, Verkehrs- und Stadtentwicklungspolitik. Die Steigerung sozialer Sicherheit und der Aufbau zukunftsfähiger Infrastrukturen standen dabei im Vordergrund. Die Fachhochschulen, gegen Ende der 1960er Jahre gegründet, hatten unter anderem den Zweck, in spezialisierten Studiengängen zukünftige Fachkräfte für den gehobenen Dienst in Kommunalverwaltungen zu professionalisieren (WOLLMANN 2000c, S. 919).

Die Städte, Gemeinden und Landkreise standen bald im Verhältnis zur Länderebene erheblich stärker und handlungsfähiger da und nutzten diesen Spielraum zum Aufbau eigener Planungs-, Informations- und Evaluationskapazitäten und führten neue Planungsverfahren ein. Besonders in den größeren Städten wurden Verwaltungseinheiten für Stadtentwicklungsplanung zum Regelfall, neues Personal strömte in die Behörden und neue Verfahren fanden Einzug. Gerade im Fall der Stadtsanierung wurden Modelle erprobt, die Sanierungsaufgaben auf externe Träger übertrugen (*Contracting Out*) oder bei komplexen Projekten durch Matrix-Organisationen die Koordinationseffektivität steigern sollten. Auch in der Jugend- und Sozialverwaltung unternahmen zahlreiche Städte organisatorische Veränderungen und Experimente, um deren Leistungsfähigkeit zu erhöhen (WOLLMANN 1996, S. 14).

Nimmt man die Gebiets- und Finanzreform heraus, blieben die Auswirkungen dieser Reformphase vor allem innerhalb der Ministerialverwaltung des Bundes jedoch begrenzt. Während einige Ministerien gerade mit der Umstrukturierung und Umsetzung von Planungselementen begannen, verebbte die Planungseuphorie in Politik und Verwaltung. 1975 besiegelte die Auflösung der PRVR 1975 den Endpunkt dieser Reformwelle. Trotz einer massiven personellen Ausweitung – die Zahl der Beamten des höheren Dienstes in den Bundesministerien und Oberbehörden stieg zwischen 1960 und 1969 um 40 Prozent und von 1969 bis 1974

noch einmal um 25 Prozent (WOLLMANN 1996, S. 16) – wurden Personal- und Informationsaufwand zur Steuerung und Kontrolle integrierter Gesamtplanungssysteme unterschätzt
(KÖNIG/FÜCHTNER 2000, S. 71). Ebenso wirkte der Widerstand vieler Behörden und ihrer
Beamten, die im Zentrum der Planungsvorstellungen standen, sich negativ auf eine kon-
tinuierliche Verbreitung aus. In der Wissenschaft erlangten Positionen Aufmerksamkeit, in
denen Planungserfolge generell infrage gestellt wurden (WILDAVSKY 1973) oder die These
unterstützten, dass die Effektivität staatlicher Programme nicht nur von ihrer Planung, sondern auch von der Art der Implementation bestimmt wird (MAYNTZ 1980).

Immerhin blieb ein gewachsenes Planungsbewusstsein in der (Ministerial-) Verwaltung zurück und vorher weit gehend unbekannte Management- und Informationstechniken, insbesondere die Evaluierung, wurden zum festen Handlungsrepertoire. Die Weiterentwicklung
solcher administrativer Innovationen nahm jedoch einen fragmentierten, inkrementalen Verlauf, zum Beispiel indem ministerielle Planungseinheiten in Grundsatz- oder Forschungs-
abteilungen überführt wurden. Eine besonders starke und nachhaltige Wirkung wird jedoch
der neuen Personalgeneration zugesprochen, die, in der Nachkriegszeit aufgewachsen und
sozialisiert sowie aus heterogenem Spektrum rekrutiert, größere Aufgeschlossenheit für
neue Managementmethoden und Analyseverfahren zeigten. Die massive Aufnahme dieser
Change Agents in den frühen 70er Jahren, die später in Leitungspositionen aufstiegen, begründet letztendlich den langfristigen Modernisierungseffekt dieser Reformphase (WOLLMANN
1996, S. 15f).

2.2.2   Privatisierung und Deregulierung in den 1970er und 1980er Jahren

Im Gefolge der vom Erdölschock ausgelösten weltweiten Wirtschafts- und Finanzkrise lief die
Reformphase der sozial-liberalen Koalition aus. Die Politik auf Bundes-, Landes- und Kommunalebene wurde immer deutlicher von knappen Budgets und Kosteneinsparungen bestimmt (WOLLMANN 1996, S. 19). Erschien zuvor die soziale Sicherheit und wirtschaftliche
Konkurrenzfähigkeit durch gesteigerten Wettbewerb bedroht und galten *aktive Politik* und die
Ausweitung von Planungs- und Leistungskapazitäten als Lösung, galt nun Bürokratieversa-
gen als Zukunftsproblem und eine Eindämmung des Wachstums des öffentlichen Sektors
und der Staatsaufgaben als unbedingtes Erfordernis (SEIBEL 1997, S. 98; JANN/WEWER
1998, S. 229). Kritikformeln wie *Bürokratisierung*, *Gesetzesflut*, *unpersönliche Apparate* oder
Entmündigung des Bürgers entstammten zwar ursprünglich dem konservativen und liberalen
Lager, fanden aber auch in links-bürgerlichen Kreisen Anhängerschaft, womit sich eine neue
Modernisierungskoalition herausbildete. Gegen Ende der 70er Jahre kam es daher zu einer
neuen Modernisierungsdiskussion unter den Schlagworten der *Entbürokratisierung*, der *Aufgabenkritik* und der *Deregulierung*, die eine schlankere Verwaltung zum Ziel hatte. Anderer-

seits wurden Entbürokratisierungsansätze aber auch in Richtung einer bürgerfreundlicheren Verwaltung erkannt (WOLLMANN 2001, S. 19; SEIBEL 1997, S. 98f).

Als Bundeskanzler KOHL in seiner Regierungserklärung am 13. Oktober 1982 ankündigte, „den Staat auf seine ursprünglichen und wirklichen Aufgaben zurückzuführen" (aus: JANN/ WEWER 1998, S. 229), schloss sich die konservativ-liberale Regierung dem neo-liberalen Kurs an, der bereits im Vereinigten Königreich als *Thatcherism* (seit 1979) und in den USA als *Reagonomics* (ab 1980) Aufsehen erregte.

1983 wurde von der Bundesregierung eine Kommission für Rechts- und Verwaltungsverein-fachung (*Waffenschmidt-Kommission*) eingesetzt, die Konzepte zur Entbürokratisierung und Bürgerfreundlichkeit erarbeiten sollte. Die Empfehlungen in den insgesamt sieben Berichten führten von 1983 bis 1993 unter anderem dazu, dass 15 Bundesgesetze und 30 Verordnung-en aufgehoben wurden und 400 Einzelvorschriften in mehr als 100 Gesetzen gestrichen wur-den. Bau- und Steuerrecht wurde eigenständig vereinfacht, was zur Aufhebung zahlreicher weiterer Gesetze, Verordnungen und Vorschriften führte (JANN/WEWER 1998, S. 235f).

In nahezu allen Bundesländern entstanden schon seit 1978 ähnliche Kommissionen. Überall lag der praktische Schwerpunkt eindeutig bei der Rechtsbereinigung, während organisatori-sche Binnenmodernisierung, Finanz- und Personalreformen und die angekündigten Verbes-serungen der Bürgernähe in Bund und Ländern in den Kommissionsberichten kaum zu fin-den waren (SEIBEL 1997, S. 99).

Die Reform der öffentlichen Aufgaben realisierte sich auf Bundesebene nahezu ausschließ-lich durch umfangreiche Privatisierungsprogramme (etwa: Volkswagen AG, VEBA AG, Salz-gitter AG, Post und Telekommunikation) und praktisch überhaupt nicht durch analytische Aufgabenkritik. Differenzierte Modelle des Verantwortungstransfers wie *Leistungstiefenana-lysen*, Outsourcing oder *Public Private Partnerships* kamen in dieser Phase höchstens ver-einzelt vor (JANN/WEWER 1998, S. 234f).

Während sich der Bund erst in den 90er Jahren mit der Einrichtung des Sachverständigen-rates *Schlanker Staat* wieder der analytischen Aufgabenkritik widmete, schufen die Länder Baden-Württemberg, Bayern, Bremen, Hamburg, Hessen und Rheinland-Pfalz bereits im Verlauf der 80er Jahre Kommissionen zur Verstetigung der Aufgabenkritik und Rechtsver-einfachung. Am deutlichsten zeigten sich die Modernisierungsaktivitäten jedoch auch in die-ser Phase wieder in den Kommunen, die am härtesten von der budgetären Krise betroffen waren. Bereits 1974 entwickelte die *Kommunale Gemeinschaftsstelle für Verwaltungsverein-fachung* (KGSt) ein Verfahren zur Aufgabenkritik, das durch Evaluationsuntersuchungen und Kosten-Nutzen-Analysen sowohl die einzelnen Aufgaben als auch deren Vollzug auf den Prüfstand stellte. Zusätzlich wurde mit der breiten Einführung von Informations- und Kommu-nikationstechnologien (zum Beispiel *PROSOZ* in den Sozial- und Jugendämtern) versucht, die Kosten in der Leistungsverwaltung zu reduzieren. Außerdem wurde dem Thema Bürger-freundlichkeit auf kommunaler Ebene deutlich mehr Aufmerksamkeit gewidmet als in Bun-des- und Landesbehörden. Sowohl in organisatorischer Hinsicht, etwa durch die Einrichtung von *Bürgerläden* zur Verbesserung der Kundenorientierung, als auch durch entsprechende Personalschulungen sollte der Servicecharakter der Verwaltung gestärkt werden (WOLLMANN 1996, S. 18; SEIBEL 1997, S. 99).

Verglichen mit den radikalen Programmen der britischen Tories unter MARGARET THATCHER blieben die Veränderungen auf deutscher Bundes-, Landes- und Kommunalebene in dieser Phase jedoch eher inkremental und insular verstreut. Nur vereinzelt gestalteten sich inno-vative Reformideen. Das Bundesinnenministerium entwickelte beispielsweise bereits 1978 ein *Arbeitsprogramm zur Verbesserung der Verwaltungsorganisation*, das dezidierte Vor-schläge zur Kosten- und Leistungsrechnung, zur effektiven Verwendung von Informations-und Kommunikationstechnik, zur Aufgabenkritik und zum effektiven Personaleinsatz enthielt (KÖNIG/FÜCHTNER 2000, S. 77f). Doch es gelang nicht, aus solchen Ideen und der Vielzahl der kommunalen Reformprojekte ein flächendeckendes Modernisierungskonzept abzuleiten und umzusetzen. Auch von dem verwaltungspolitischen Diskurs, der unter *New Public Mana-gement* (NPM) in den angelsächsischen Ländern betriebswirtschaftliche Instrumente in die neo-liberale Verwaltungsreform integrierte, blieb Deutschland bis in die frühen 90er Jahre weit gehend abgekoppelt.

Hinter der Kurzformel *New Public Management* verbirgt sich eigentlich kein kohärentes Kon-zept, sondern eher ein Set von Organisationsempfehlungen mit folgenden Kernelementen (im Folgenden: WOLLMANN 1996, S. 19):

- Orientierung auf ein professionelles, verantwortungsbewusstes Management

- Instrumente und Standards der Leistungsmessung und Output-Kontrolle

- Disaggregation, Verselbstständigung und Dezentralisierung von Verwaltungseinheiten

- Stärkung des Wettbewerbs

- Einsatz privatwirtschaftlicher Managementinstrumente

- Disziplin und Sparsamkeit in der Ressourcen-Nutzung

Die Gründe für die starke Verzögerung in Deutschland liegen vor allem darin, dass lange kein Bedarf für NPM-Modernisierungen gesehen wurde. Die deutsche Verwaltung wähnte sich in Bezug auf Ordnungsmäßigkeit, Rechtmäßigkeit und Personalqualifikation im inter-nationalen Vergleich in herausragender Stellung und zeigte zudem über die Jahre inkremen-tales, jedoch beständiges Reformverhalten. Außerdem schien der Problemhintergrund der angelsächsischen Staaten (Überzentralisierung, Monopolstellung des Öffentlichen Sektors) in der föderal-dezentralen Verwaltungsstruktur Deutschlands kaum relevant zu sein. Hinzu kam, dass die betriebswirtschaftlichen NPM-Konzepte auf eine Verwaltungskultur stießen, die immer noch überwiegend vom Rechtsstaatsprinzip und von rechtlicher Steuerung gekennzeichnet war und deutlichere Grenzen zwischen dem öffentlichen und privaten Sektor zog als beispielsweise im Vereinigten Königreich. Obwohl sich die bundesdeutsche Modernisierungskoalition der 80er Jahre durchaus dem privatwirtschaftlichen Managerialismus öffnen konnte, war sie nach wie vor aus Verwaltungsangehörigen, Verwaltungsjuristen und Verwaltungswissenschaftlern zusammengesetzt, die den traditionellen Diskurs der Kontinuität mit lediglich geringfügigen Anpassungen weiterführten (WOLLMANN 2001, S. 20). Das änderte sich jedoch fast schlagartig in den frühen 1990er Jahren. Was war geschehen?

2.2.3 New Public Management in den 1990er Jahren

Zu Beginn der 1990er Jahre entfalteten fast gleichzeitig mehrere starke Modernisierungsimpulse ihre Wirkung, die zu einer Wende im verwaltungspolitischen Diskurs und zu neuen Reformstrategien in Richtung *New Public Management* führten. Die Folgenden stehen dabei im Vordergrund (im Folgenden: WOLLMANN 2000c, S. 923f; WOLLMANN 2001, S. 21f):

▪ Vor dem Hintergrund der enormen Kosten der deutschen Wiedervereinigung und begleitet von den Sparzwängen der Maastricht-Kriterien der Europäischen Union, nahm seit Beginn der 90er Jahre der budgetäre Druck auf Bund, Länder und Kommunen dramatisch zu. Modernisierungskonzepte des New Public Management, die eine effizientere und wirksamere Verwaltung in Aussicht stellten, erschienen parteiübergreifend und auf allen Regierungsebenen als geeignetes und dringend erforderliches Lösungsmodell.

▪ Die vergleichsweise hohe (Selbst-)Bewertung der deutschen Verwaltungsqualität und Modernisierungsfähigkeit wurde 1993 durch einen internationalen Wettbewerb der *Bertelsmann Stiftung* zum Thema „Demokratie und Effizienz in der Kommunalverwaltung" schwer erschüttert. Die Ergebnisse, bei der die Städte Phoenix (USA) und Christchurch (Neuseeland) gemeinsam den Spitzenplatz erreichten während Duisburg das Schlusslicht bildete, machten deutlich, dass selbst die vermeintlich innovativen Kommunalverwaltungen in Deutschland sich im Vergleich mit internationalen Spitzenkommunen gut zehn Jahre im Rückstand befanden (REICHARD 1994, S. 24). Dieser Schock löste starke Zweifel an der Legitimation des traditionellen, deutschen Verwaltungsmodells aus und schob die Diskussion um New Public Management enorm an.

▪ Innerhalb des Diskurses, der sich um NPM-Konzepte entwickelte, veränderte sich die Teilnehmerschaft der Modernisierungskoalition. Anstelle der traditionellen Modernisierer errangen zunehmend reformorientierte Verwaltungsgeneralisten, NPM-orientierte Wissenschaftler aber auch Betriebswirte und Unternehmensberater die Meinungsführerschaft. Die Nachwuchskräfte der 70er Jahre hatten inzwischen die Chefbüros erreicht und befanden sich in der Lage, ihrer Unzufriedenheit mit überkommenen Funktionsweisen und Ergebnissen der Verwaltung entgegenzuwirken. Die Entwicklung des NPM in Deutschland wird daher auch als „Revolution der Verwaltungschefs" bezeichnet (JANN 1998, S. 71).

- Einen ähnlichen Sinneswandel vollzog die KGSt, die sich bis zum Ende der 80er Jahre als eher traditioneller Verwaltungsmodernisierer profiliert hatte. Ihr damaliger Leiter GERHARD BANNER distanzierte sich am Anfang der 1990er Jahre deutlich vom traditionellen Modell der hierarchischen Arbeitsteilung und Atomisierung der Verantwortung, die im Endeffekt ein „System organisierter Unverantwortlichkeit" zur Folge hat (REICHARD 1994, S. 16f). Von nun an propagierte die KGSt ein *Neues Steuerungsmodell* (NSM), das NPM-inspirierte Modernisierungskonzepte der niederländischen Stadt Tilburg mit eigenen Komponenten verband.

Erkannte man zu Beginn der vorigen Reformphasen *Performance Gaps* in der rationalen Planungsfähigkeit oder in unbürokratischer, schlanker Staatstätigkeit, so wurde nun die generelle Modernisierungsunfähigkeit des öffentlichen Sektors zum Hauptproblem. Diese *Modernisierungslücke* betrifft insbesondere das strategische Management, das durch Überlastung der Verwaltungsleitung mit kurzfristigen Routineaufgaben zu kurz gerate. Zusätzlich fehle es den bürokratischen Steuerungsinstrumenten (Rechtsnormen, hierarchische Anweisungen, zentralistische Ressourcenbewirtschaftung) an der Eigenschaft, Zielvorgaben zu entwerfen sowie klare Verantwortungsstrukturen aufzubauen, die es nachgeordneten Bereichen attraktiv erscheinen lassen, vorgegebene Ziele eigenverantwortlich und effizient zu erfüllen. Ebenso sind die Instrumente zur Messung der Zielerreichung sowie der tatsächlichen Kosten und Leistungen unzureichend. Schließlich sei der öffentliche Sektor kaum noch in der Lage, qualifiziertes Personal anzuwerben und bestehende Personalpotenziale durch Leistungsanreize zu motivieren (REICHARD 1994, S. 14f; JANN 1998, S. 71).

Das von der KGSt entworfene Neue Steuerungsmodell ist zur deutschen Version des internationalen NPM-Trends geworden und stellt ein Gegenbild zum traditionellen, bürokratischen Verwaltungssystem mit seinen wahrgenommenen Mängeln dar. Ursprünglich wurde es für Kommunalverwaltungen entwickelt, reüssierte aber bald zum Oberbegriff der Verwaltungsreform in Deutschland der 1990er Jahre. BANNER argumentiert, dass dies insbesondere der Unterstützungsleistung einer Reformkoalition aus kommunalen Spitzenverbänden, Stiftungen, Wissenschaftlern und Beratungsunternehmen zu verdanken war. Die Regierungen von Bund und Ländern folgten dem Diskurs nur zögerlich (BANNER 2001, S. 296ff).

Konzeptionell und inhaltlich unterschied sich das NSM kaum von NPM-Modernisierungen anderer Staaten, jedoch lag sein Schwerpunkt deutlich bei der Optimierung der Steuerungsinstrumente und Binnenstrukturen, weniger beim Aufgabenabbau der 80er Jahre. Der öffentliche Sektor sollte verbessert, nicht abgeschafft werden. Die wesentlichen Elemente des Neuen Steuerungsmodells lassen sich folgendermaßen darstellen (im Folgenden: BANNER 2001, S. 283f; JANN 1998, S. 72ff; REICHARD 1994, S.35f):

Leitbild „Dienstleistungsunternehmen Kommunalverwaltung":

- Die Nachfrage und Kundenbedürfnisse bestimmen die Organisation der Leistungserstellung.

- Leistungen werden in Produktzyklen gedacht und passen sich der Nachfrage und den vorhandenen Ressourcen an.

- Wettbewerb mit privaten Anbietern und Leistungsvergleiche mit anderen Kommunen oder Behördenbereichen sind selbstverständlich.

- Mitarbeiter erhalten mehr Gestaltungsmöglichkeiten und werden über Leistungsziele gesteuert.

Um dieses Leitbild zu verwirklichen, sind institutionelle Veränderungen unabdingbar, die im Kern aus drei, eng zusammenhängenden Schritten bestehen:

1. Aufbau einer unternehmensähnlichen, dezentralen Führungs- und Organisationsstruktur

    - *Kontraktmanagement*: Kontrakte sind klare, verbindliche Absprachen zwischen Politik und Verwaltung, aber auch zwischen verschiedenen Ebenen der Verwaltung über die zu erbringenden Leistungen, die verwendeten Mittel und die Art der Berichterstattung über das Leistungsergebnis. Es kommt damit zu einer deutlichen Verantwortungsabgrenzung zwischen steuernden und ausführenden Bereichen. Zudem wird Steuerung durch ständige Eingriffe und Einzelanordnungen ersetzt durch strategische Steuerung „auf Abstand".

    - *Dezentrale Fach- und Ressourcenverantwortung*: Die Aufmerksamkeit der Fachbereiche soll auf das Leistungsergebnis gerichtet werden. Zur Erstellung der definierten Verwaltungsleistungen oder „Produkte" sollen ihnen Budgets zugeteilt werden, mit denen sie selbst verantwortlich entscheiden, auf welche Weise die Leistung erzeugt wird (eigenerstellt, von einer anderen Einheit oder extern bezogen). Während Art und Menge der Leistung durch Kontrakte vorgegeben sind, erhalten die ausführenden Bereiche dezentrale Verantwortung dafür, wie sie die

ihnen zugeteilten Ressourcen (Geld, Stellen, Personal, Sachmittel) zur Auftrags-
erfüllung einsetzen. Es ergibt sich eine unternehmensähnliche Konzernstruktur.

- *Zentrale Steuerungs- und Controllingaufgaben*: Damit die Kommunalverwaltung
  als Einheit steuerbar bleibt und sich die selbst steuernden Fachbereiche nicht zu
  stark autonomisieren, muss ein zentraler Steuerungs- und Controllingdienst die
  Gesamtkoordination der Fachplanungen, die Analyse der Leistungen oder die
  Beteiligungsverwaltung gewährleisten.

2. Outputsteuerung

- *Produkte:* Die unzähligen Einzelaktivitäten der Verwaltung sollen zu überschau-
  baren Leistungsbündeln (Produkten) zusammengefasst werden. Für jedes Produkt muss festgelegt sein, welche Ziele es erreichen soll, welches die Zielgruppe
  ist und in welcher Menge und Qualität es erzeugt werden muss. Die politisch-
  strategischen Ziele der Kommune sowie die Bedürfnisse der Adressaten stehen
  bei der Produktbildung im Vordergrund. Damit wird das Handeln der Behörden
  nicht mehr von den Ressourcen-Inputs bestimmt, sondern durch die Erwartungen
  von Politik und Bürgern.

- *Rechnungswesen:* Haushaltsplanung und –vollzug, Berichtswesen und Controlling müssen den Produktbegriff integrieren. Bei jedem Produkt sollen die Herstel-
  lungskosten (Personal-, Sach- und kalkulatorische Kosten) transparent werden,
  damit in der Haushaltsplanung die erwünschten Outputs der Verwaltung mit dafür
  notwendigen Ressourcen (Produktbudgets) verkoppelt werden können. Der
  Haushaltsplan wird damit zum Hauptkontrakt zwischen politisch-administrativer
  Führung und Facheinheiten der Verwaltung.

- *Qualitätsmanagement:* Damit die Verwaltungsleistungen wirklich kundenorientiert
  erbracht werden, muss ein durchgängiges Qualitätsmanagement stattfinden.
  Durch systematische Kundenbeobachtung und -befragung, aber auch durch Aufnahme von Verbesserungsvorschlägen der Verwaltungsmitarbeiter soll ermittelt
  werden, ob die Verwaltungsprodukte den Erwartungen von Bürgern und Unternehmen entsprechen und was verbessert werden kann.

3. Aktivierung der neuen Struktur durch Wettbewerb

Um das neue Modell „unter Strom" zu setzen und das kommunale Dienstleistungsunternehmen zu zielorientierten Leistungen anzuspornen, muss es dem Wettbewerb ausgesetzt werden. In Monopolbereichen der Hoheitsverwaltung dienen dazu Wettbewerbssurrogate wie interkommunale Leistungsvergleiche. Aufgabenbereiche hingegen, die mit dem privaten Sek-

tor im Wettbewerb stehen können, sollen vollständig einem Vergleich unterzogen werden. Leistungstiefenanalysen prüfen dabei, ob eine Leistung kostengünstiger fremd erstellt werden kann (*Contracting Out*). Gleichzeitig soll aber auch die strategische Relevanz der Eigenerstellung sowie die Steuerbarkeit und Rückholbarkeit der Aufgabe in die Prüfung einfließen.

Das Neue Steuerungsmodell sollte jedoch keinen Modellbaukasten darstellen, bei dem lediglich die Zusammensetzung der Elemente zur Problemlösung führt. Vielmehr beabsichtigte die KGSt, die Mindestanforderungen zur Steuerung und Verbesserung moderner Verwaltungen zu definieren, die anhand örtlicher Bedürfnisse und Rahmenbedingungen konkretisiert werden müssten (JANN 1998, S. 76). Gleichzeitig wurde das NSM zu einer Messlatte der Verwaltungsmodernisierung von Kommunen, Ländern und Bund, die ihre Reformaktivitäten zunehmend anhand dieses Modells orientierten und koordinierten.

Für die Kommunen entwickelt, ist die Verbreitung und Anwendung des NSM ein Musterbeispiel für einen *Bottom-Up*-Reformdiskurs. Nach den ersten Pilotversuchen breitete sich die NSM-Reformwelle wie ein „Buschfeuer" (REICHARD 1994, S. 7) unter den deutschen Kommunen aus. Entsprechend des dezentralen politischen und administrativen Systems in Deutschland sowie der Empfehlungen der KGSt ließen sich bei der örtlichen Umsetzung unterschiedliche Akzente beobachten. Nur beispielhaft sei aufgezählt, dass in Städten wie Herten, Osnabrück, Nürnberg, Offenbach oder Bochum bereits 1992 Umstrukturierungsprozesse in Gang gesetzt wurden, um Hierarchien zu verflachen und den Verantwortungs- und Gestaltungsspielraum der Fachbereiche zu stärken sowie die städtischen Betriebe durch ein geschlossenes Beteiligungsmanagement im Sinne einer Holding zusammenzufassen. In Berlin hingegen wurden nach der Einführung von Globalbudgets bis 1995 Produktkataloge in allen Bezirksämtern erstellt, die in der Summe 8.741 Leistungen, 1.565 Produkte, 395 Produktgruppen sowie 65 Produktbereiche auswiesen, um Erfolg und Wirtschaftlichkeit des Verwaltungshandelns outputorientiert darstellen zu können. In anderen Städten wiederum stand umfangreiche Personalentwicklung im Vordergrund, um betriebswirtschaftlichen Sachverstand (Controlling, Doppik, Kosten- und Leistungsrechnung), Teamarbeit und Kundenorientierung zu fördern und die personellen Rahmenbedingungen für die Umsetzung des Neuen Steuerungsmodells zu schaffen. Die Städte Essen und München lieferten hierbei charakteristische Ansätze.

Die Einrichtung von Bürgerzentren, Bürgerbüros oder Serviceämtern zur Verbesserung der dezentralen, bürgerorientierten Servicequalität wurde in einer wachsenden Anzahl von Städten und Gemeinden populär, um möglichst viele Leistungen direkt vor Ort anzubieten und den Bürgern umständliche Behördengänge zu erleichtern. Durch Vernetzung unterschiedlicher regionaler Datenbanken konnten publikumsintensive Verwaltungsangebote (etwa das Ausstellen von Pässen und Ausweise, Bewilligung von Sozialhilfe und Wohngeld oder Kfz-

Zulassungen) an einer Stelle gebündelt und durch entsprechend generalistisch geschultes Personal bearbeitet werden.

Integrierte, umfassende Projekte, die interne Reorganisationsmaßnahmen mit einer expliziten Außenorientierung zu verbinden suchten, entwickelten sich erst allmählich. Die Stadt Duisburg etwa führte im Verlauf der 90er Jahren neue Steuerungsinstrumente in den Bereichen Personal, Organisation (Matrixorganisation, Bürgerzentren, optimierte Regiebetriebe) sowie Finanzen und Kontrolle (zentrales Controlling) ein und entwickelte durch die Einführung von Public Private Partnerships kooperative Formen der Leistungserstellung zwischen öffentlichen und privaten Trägern. Zusätzlich werden seitdem Quantität und Qualität der städtischen Dienstleistungen einem laufenden Städtevergleich unterzogen, bei dem auch Bürgerumfragen durchgeführt werden (alle Beispiele: KÖNIG 1997, S. 63-73).

Mit geringer Verzögerung beteiligten sich auch die Verwaltungen der Bundesländer an der Entwicklung neuer Steuerungsmodelle, wobei die Stadtstaaten zunächst die Führerschaft übernahmen. Das Land Berlin, bereits erwähnt, entwickelte nach dem Gesetz zur Reform der Berliner Verwaltung vom 19. Juli 1994 einen flächendeckenden Gesamtansatz, der neben der Steigerung von Effizienz und Effektivität des Verwaltungshandelns auch die Dienstleistungsqualität und die Attraktivität der Berliner Behörden verbessern sowie die bürgerschaftlichen Partizipationsmöglichkeiten erweitern sollte. In zehn Teilprojekten sollten neben dem bereits beschriebenen Produktkatalog ein Qualitätsmanagementsystem, Kosten- und Leistungsrechnung sowie Controlling eingeführt werden, wobei zur Realisierung verstärkt auf Software-gestützte Rechnungs- und Berichtsysteme gesetzt wurde.

Nordrhein-Westfalen führte zunächst die in den 80er Jahren begonnenen Untersuchungen zur Aufgabenkritik fort und legte erst im Frühjahr 1995 einen Entwurf zur Modernisierung der Landesverwaltung nach dem Neuen Steuerungsmodell vor. Auch hierbei wurde beabsichtigt, möglichst alle Verwaltungsbereiche von einem einheitlichen Reformkonzept zu erfassen. Wesentliche Elemente zur Steuerungsoptimierung waren dabei die Zusammenführung von Fach- und Ressourcenverantwortung, Budgetierung, Kontraktmanagement und Controlling. Durch betriebswirtschaftliches Rechnungswesen und Produktbildung sollten die Kosten der Verwaltungsleistungen transparenter gemacht werden. Zusätzlich wurden Leistungsanreize und Fortbildungsmöglichkeiten insbesondere für Führungskräfte in den Zielkatalog aufgenommen. In allen Bundesländern zeichnete sich im Verlauf der 90er Jahre ab, dass insbesondere im Bereich Rechnungswesen und Controlling sowie zur Vereinfachung und Beschleunigung von Verfahren verstärkt moderne Informationstechnik und Fachsoftware eingesetzt wurde (Beispiele: KÖNIG 1997, S. 77-100).

Weniger konsistent als in Kommunen und Ländern entwickelte sich die Modernisierung der Bundesverwaltung in dieser Phase. Zu Beginn der 90er Jahre blieb der Bund, wie auch in den Jahren zuvor, inaktiv bezüglich NPM-orientierter Reformen, behielt jedoch den Privatisierungskurs bei. Empfehlungen aus der Verwaltungswissenschaft, den Regierungsumzug von Bonn nach Berlin für eine Generalüberholung der Ministerialverwaltung nach Konzepten des NPM zu nutzen, blieben zunächst unberücksichtigt. Die Kritik an den zu hierarchischen und überdifferenzierten Ministerien war jedoch schon seit den Untersuchungen PRVR allgemein bekannt. Im Gegenteil, mit dem *Kombinationsmodell*, das für alle Bundesministerien sowohl Dienstsitze in Berlin als auch in Bonn vorsah, entschied sich der Bund für eine teure, komplizierte und zur Modernisierung der Ministerialverwaltung ungeeignete Vorgehensweise (JANN/WEWER 1998, S. 242f).

Erst 1997 wurden mit dem Abschlussbericht des Sachverständigenrates *Schlanker Staat* (SVR) Modernisierungsbausteine ernsthaft mit dem Regierungsumzug verbunden. Der SVR legte in seinem über 1.000-seitigen Bericht eine große Vielzahl diskutierter Modernisierungsoptionen vor, wie die Reduzierung der Zahl der Abteilungen und die Abschaffung von Unterabteilungen, ebenso NSM-Elemente wie Produktbildung, Kosten- und Leistungsrechnung und Controlling sowie Qualitätsmanagement unter Nutzung von Informationstechnik (JANN/WEWER 1998, S. 248f). Tatsächlich begannen die Bundesministerien, auf der Basis einer Überprüfung ihrer organisatorischen Strukturen einen Zielkatalog „Regierungsumzug" zu erarbeiten, welcher organisatorische Straffungen und Auflösungen von Leitungspositionen vorsah. Weiterhin sollte in einem Standardisierungsprojekt dem unkoordinierten Vorgehen der Bundesbehörden bei der Entwicklung *der Kosten und Leistungsrechnung* (KLR) entgegengewirkt und einheitliche, standardisierte Methoden zur Verfügung gestellt werden. Besonders der nachgeordnete Bereich zeigte sich bei der Einführung moderner Managementkonzepte, wie betriebswirtschaftliche Rechnungsmethoden, aber auch dem Qualitätsmanagement, äußerst aktiv (KÖNIG/FÜCHTNER 1998, S. 63f). Nach dem Regierungsumzug im Spätsommer 1999 zeichnete sich jedoch ab, dass die Arbeitsfähigkeit der Bundesministerien durch die unterschiedlichen Haupt- und Nebensitze trotz moderner Informations- und Kommunikationstechnik häufig beeinträchtigt wird und die Interaktionsprobleme zwischen alter und neuer Hauptstadt zur administrativen Selbstbeschäftigung geraten (WOLLMANN 2000a, S. 708f).

Zwar sind so gut wie alle Behörden auf kommunaler, auf Landes- und besonders auf Bundesebene noch Baustellen, was das Neue Steuerungsmodell angeht. Es ist aber unübersehbar, dass betriebswirtschaftliche Kompetenz und Instrumente sich immer fester in der deutschen Verwaltung etabliert haben. Auch handelt die Verwaltung besonders im kommunalen Dienstleistungsbereich wesentlich bürgerorientierter. Jedoch hat die Euphorie der Anfangsphase des New Public Management in Deutschland inzwischen an Schwung verloren. Probleme haben sich in den Instrumenten und deren Umsetzung bemerkbar gemacht, von denen folgende aufgezeigt werden können:

- Die Budgetierung wurde meist nur einseitig als Input-Budgetierung eingeführt und von den Kämmerern zur Beschneidung der Ausgaben der Fachbereiche verwendet. Nur selten dürfen Fachbereiche eingesparte Finanzmittel behalten und im eigenen Sinne nutzen (BANNER 2001, S. 286).

- Statt zentraler Steuerungsdienste setzen häufig umbenannte Querschnittsbereiche ihre bisherige Steuerung durch Einzelanweisung fort. Andererseits mangelt es zentralen Steuerungsdiensten oft an einem geeigneten Informationswesen, das die strategische Steuerung teilautonomisierter Einheiten gewährleisten kann und Zentrifugalkräfte verhindert (ebd.).

- Die Produktkataloge, die unter Aufwendung teilweise hoher Kosten ausgearbeitet wurden, erweisen sich oft als zu kleinteilig und unhandlich. Häufig unterbleibt daher weitgehend die Bildung geeigneter Indikatoren zur Bewertung der Zielerreichung und deren Verknüpfung mit den verwendeten Ressourcen, weshalb sich nahezu kein Nutzen der Produktkataloge als Steuerungs- und Evaluationsinstrument ergibt (WOLLMANN 2000c, S. 924f).

- Die Kosten- und Leistungsrechnung bleibt eine teure Statistik, wenn die bewertete Verwaltungsleistung nicht mit Marktpreisen oder durch interkommunale Leistungsvergleiche verglichen und gegebenenfalls mit Konsequenzen (Rationalisierung, Vergabe, Verzicht etc.) behandelt wird (BANNER 2001, S. 287).

- Die Trennung zwischen steuernder Politik und ausführender Verwaltung unterstellt, dass der Politik Ziele und Instrumente der Problemverarbeitung klar sind. Meist ist dies jedoch nicht der Fall. Ziele sind häufig gegensätzlich und instabil und über die geeigneten Instrumente zur Zielerreichung herrscht noch größere Unsicherheit. Daraus ergibt sich geradezu ein Einfallstor für professionelle Bürokraten zur politischen Mitgestaltung, weshalb kaum eine Trennung zwischen beiden Bereichen erfolgen kann (JANN 1998, S. 77f).

Möglicherweise ist der Erfolg des Neuen Steuerungsmodells geringer als erwartet, weil seine Komplexität von den Modernisierern zunächst unterschätzt wurde. Viele griffen sich einzelne Elemente, bevorzugt Budgetierung und KLR zur Kostendämmung, heraus und vermieden Eingriffe in gewachsene Machtstrukturen (BANNER 2001, S. 290f). Denn das Konzept des NSM steht dem mikropolitischen Handeln der Akteure naiv gegenüber und rechnet nicht mit dem Anwachsen von Implementationsproblemen bei umfangreichen Eingriffen in gewachsene Machtverhältnisse (BOGUMIL/SCHMID 2001, S. 112). Für ganzheitliche Reformansätze, welche die volle Wirkung des NSM erst entfalten, konnten nur wenige Verwaltungen Kräfte und Ressourcen aufbringen. Hinzu kommt, dass der Bund sich lange an der konzeptionellen Entwicklung nicht beteiligt hat. Ebenso verwundert es nicht, dass Politik und Gesellschaft

Modellen misstrauen, die verselbstständigten Fachbereichen mehr Spielraum einräumen, aber bei der Generierung von Informationen zur Steuerung und Evaluation regelmäßig versagen und partizipatorische Aspekte im Ansatz ausblenden (Wollmann 2000c, S. 930).

2.2.4 Vom schlanken zum aktivierenden Staat

Aufgrund der Probleme ist das Neue Steuerungsmodell ist im Lauf der Jahre sowohl binnenorganisatorisch vertieft als auch um Schnittstellen zur Umwelt erweitert worden. Denn der Modernisierungsdruck bleibt. Ressourcenknappheit, Internationalisierung und Interdependenzen zwischen öffentlichem und privatem Sektor nehmen eher zu als ab und zwingen die Kommunen zu weiteren Schritten. *Ressourcenverbrauchskonzept, strategisches Management* und *Bürgerkommune* weisen zurzeit in der Kommunalverwaltung neue Wege (BANNER 2001, S. 291 sowie 301f).

Aber auch der Bund hat sich nach dem Regierungswechsel 1998 vom Konzept des Schlanken Staates verabschiedet und versucht mit dem neuen Leitbild des *Aktivierenden Staates* eine bürgerorientierte Hinwendung von Regierung und Verwaltung und deren Modernisierung zu verwirklichen. Im Vordergrund steht dabei, die Verwaltung nicht vorrangig durch Privatisierung und Aufgabenabbau zu entlasten, sondern den Bürger zur Mitwirkung an der Erfüllung öffentlicher Aufgaben sowie den Entscheidungen darüber zu animieren. Zusätzlich sollten isolierte Einzelmaßnahmen der Bundesressorts vermieden und ein ganzheitlicher Reformzusammenhang erreicht werden (REICHARD/SCHUPPAN 2000, S. 81f). Am 1. Dezember 1999 legte die Bundesregierung unter GERHARD SCHRÖDER das Programm *Moderner Staat – Moderne Verwaltung* vor, das eine konzertierte Gesamtreform anstrebt. Das Bundesministerium des Innern (BMI) stellte vier Leitprinzipien vor (BMI 1999, S. 12):

1. Neue Verantwortungsteilung zwischen Staat (als Garant, Aktivator) und Gesellschaft (Eigeninitiative, Engagement, Partner der Verwaltung)

2. Mehr Bürgerorientierung durch transparentes und nachvollziehbares Verwaltungshandeln und den Einsatz benutzerfreundlicher Informationstechnik

3. Staatliche Vielfalt durch Kooperation und Verantwortungsteilung der staatlichen Ebenen (Stärkung dezentraler Einheiten auf Landes- und kommunaler Ebene)

4. Effiziente Verwaltung durch Leistungsvergleiche, Personalentwicklung und den breiten Einsatz von Informations- und Kommunikationstechnik

Für die Zielbestimmung und Steuerung des Modernisierungsprozesses wurde ein Staatssekretärsausschuss zur Staats- und Verwaltungsmodernisierung unter Leitung des Bundesministeriums des Innern (Staatssekretärin BRIGITTE ZYPRIES) eingesetzt. Unterstützt wird dieses Gremium von der neuen *Stabstelle Moderner Staat – Moderne Verwaltung* im Geschäftsbereich der Staatssekretärin des BMI (REICHARD/SCHUPPAN 2000, S. 88).

Noch erscheint es zu früh zu bewerten, ob aus dem Leitbild des *Aktivierenden Staates* tatsächlich eine neue Reformwelle entsteht oder ob es nur eine Übergangsphase bis zu einem anderes orientierten Diskurs darstellt. Zudem bleibt abzuwarten, in welcher Weise sich Länder und Kommunen dem Modell der Bundesregierung anschließen werden. Aus den Leitprinzipien sind inzwischen jedoch erste Projekte und Initiativen entstanden, über deren Umsetzung zumeist dezentral in den Ministerien entschieden wird. Von einem Projekt bzw. einer Initiative soll im weiteren Verlauf der Arbeit berichtet werden.

Die folgende Tabelle fasst, in Anlehnung an eine Übersicht von HELLMUT WOLLMANN sowie an den Betrachtungsrahmen dieses Kapitels, die wesentlichen Modernisierungsmerkmale der 60er bzw. frühen 70er und der 90er Jahre zusammen. Die 80er Jahre werden aufgrund der relativen Unentschlossenheit und der fragmentierten Entwicklung als Übergangsphase gewertet und daher hier nicht berücksichtigt.

Tabelle 1: Verwaltungsmodernisierungsphasen im Überblick

	60er und frühe 70er Jahre	90er Jahre
Reformimpuls / Problemdruck	- Anpassung an gesellschaftliche Entwicklungen und Herausforderungen - Planungslücke	- Wirtschaftlichkeit und Steuerbarkeit der Verwaltung - Modernisierungslücke
Modernisierungsleitbild	- Aktiver Staat - Planungseuphorie	- Schlanker Staat - NSM/Managerismus-Euphorie
Fiskalpolitische Rahmenbedingungen	- Günstige Budgetsituation fördert ausgabensteigernde Verwaltungsmodernisierung	- Kritische Budgetsituation erzwingt ausgabensenkende Verwaltungsmodernisierung
Modernisierungsdiskurs	Intensive, insbes. von Juristen und Verwaltungs- und Politikwissenschaftlern geführte Planungsdiskussion	Intensive, insbes. von Ökonomen und Unternehmensberatern geprägte, betriebswirtschaftlich angeleitete Modernisierungsdebatte
Verwaltungskultur und Verwaltungstradition	- Dominanz juristischen Denkens - Klassisches kontinentaleuropäisches Verwaltungsmodell	- Verstärktes wirtschaftliches (Management-)Denken - Infragestellung durch angelsächsisches Modell
Modernisierungspraxis	- Binnenstruktureller Aufbau von Planungskapazitäten - Stärkung der Kommunen durch Gebietsreformen - Erhöhung der finanziellen Planungsoptionen - Extensive Personalpolitik	- Einführung von BWL-Instrumenten - Dezentralisierung der Verantwortung - Outsourcing, Privatisierung und Public- Private Partnerships - Output- und Kundenorientierung / Dienstleistungsunternehmen - Personalqualifikation und Personalabbau

Durchsetzung	- Zunächst Top-down	- Bottom-up
	- Starke Beteiligung von Ländern und Kommunen	- Verzögerte und weniger engagierte Beteiligung von Bund und Ländern
Informations- und Kommunikations- technik (IuK)	Beginnende Einführung von IuK als ü-berwiegend binnenadministrative Verwal-tungsautomation und Einführung zentra-ler Rechenzentren	Ausbreitung von IuK und spezieller Fachanwendungen sowie Dezentrali-sierung des Datenzugriffs

(nach: WOLLMANN 2000a, S. 720f)

Die Vielzahl der Reformaktivitäten der vergangenen 30 Jahre in Deutschland lässt sich demnach bestimmten Phasen zuordnen, die zeitlich und inhaltlich voneinander abgrenzbar sind.

Im folgenden Kapitel soll dargestellt werden, wie sich parallel dazu die Informations- und Kommunikationstechnik innerhalb der Verwaltung immer enger mit Reformprojekten verband und schließlich zu jenem Phänomen führte, dass heute als Electronic Government bezeichnet wird.

3. Electronic Government als Phase der Verwaltungsmodernisierung?

Der Begriff Electronic Government bzw. E-Government ist verhältnismäßig jung und seine exakte Herkunft kann nicht genau bestimmt werden. Dennoch wird zurzeit kein anderer Ausdruck vergleichbar häufig im Zusammenhang mit Verwaltungsreform erwähnt bzw. ebenso entschlossen als „neuer Schub für die Verwaltungsmodernisierung" (SCHILY 2001a, S.1) deklariert. Oft erscheint es jedoch unklar, ob E-Government eine abgrenzbare Modernisierungsphase darstellt oder lediglich als ein Instrument bzw. Teilprojekt eines umfassenderen Diskurses angesehen werden kann.

Dieses Kapitel möchte den E-Government-Begriff entwicklungsgeschichtlich vorstellen, Beziehungen zu Phasen der Verwaltungsmodernisierung herausarbeiten sowie Potenziale und Probleme dieses Konzeptes diskutieren. Ein Ausschnitt dieser Diskussion wird anschließend anhand eines konkreten Fallbeispiels nachvollzogen.

3.1 Hintergrund: E-Government

3.1.1 Definitionen und Anwendungsfelder

Folgende Definitionen sollen zunächst den Begriff erläutern sowie seine Kernelemente skizzieren. Anschließend werden die Dimensionen des Begriffs entfaltet und seine Anwendungsfelder aufgezeigt.

„Unter Electronic Government verstehen wir die Abwicklung geschäftlicher Prozesse im Zusammenhang mit Regieren und Verwalten (Government) mit Hilfe von Informations- und Kommunikationstechniken über elektronische Medien (...). Bei Electronic Government geht es sowohl um Prozesse innerhalb des öffentlichen Sektors (G2G), als auch um jene zwischen diesem und der Bevölkerung (G2C), der Wirtschaft (G2B) und den Non-Profit und Non-Government Organisationen (G2N)."
(REINERMANN/VON LUCKE 2000, S. 1)

„Electronic Government ist eine Staats- und Verwaltungsorganisation, die in mannigfacher Weise mit ihrer Umwelt durch moderne Kommunikationsmedien – insbesondere das Internet – vernetzt ist, und die eine IT-gestützte Leistungserbringung und –abgabe über die Grenzen der staatlichen Organisation zulässt."
(SCHEDLER/PROELLER 2000, S.231)

„Electronic Government ist gekennzeichnet durch die ganzheitliche Sicht der Arbeitsvor-
gänge, Kommunikationen und Informationsressourcen. Außenperspektive und Binnensicht
verschmelzen, wodurch organisatorische Abgrenzungen zu den Adressaten des Handelns
verschwimmen."
(LENK 1999, S. 123)

„E-Government bedeutet neben dem elektronischen Leistungsangebot für die Bürger

* die internen Prozesse im Sinne durchgehender Prozessgestaltung an die neue Bürger-
  schnittstelle anzupassen,
* interne Arbeitsprozesse mit E-Government neu zu gestalten,
* Prozesse gemeinsam mit externen, öffentlichen und privaten Partnern zu gestalten,
* die Beteiligung der Bürger und Bürgerinnen neu und anders zu organisieren."
(KGST 2000, S. 2)

„Electronic Government bezeichnet die digitale Unterstützung von Information, Kommunikation und Transaktion im Bereich der öffentlichen Verwaltung. E-Government bezieht sich dabei sowohl auf den behördlichen Bereich als auch auf die Schnittstellen Verwaltung-Bürger
und Verwaltung-Wirtschaft."
(PWC DEUTSCHE REVISION 2000, S. 5)

„Electronic Government bezeichnet die Nutzung des Internets und anderer elektronischer
Medien zur Einbindung der Bürger und Unternehmen in das Verwaltungshandeln sowie zur
verwaltungsinternen Zusammenarbeit."
(BSI 2001a, S. 3)

Die Definitionen implizieren, dass insbesondere die internetunterstützten Serviceleistungen
der Verwaltungen für ihre Umwelt das Herzstück des Electronic Government bilden. Ebenso
geht daraus die integrierte Gestaltung von IuK-Technik, Verwaltungsorganisation und Verwaltungsprozessen hervor. Ähnlich der Outputorientierung des Neuen Steuerungsmodells
steht der Adressat der Leistung im Vordergrund, nach dessen Bedarf sich Verwaltungsleistungen von der Schnittstelle zum Bürger bis zu internen Verarbeitungsprozessen richten.

Es wird jedoch auch deutlich, dass einerseits ganzheitliche Sichtweisen und eine neue Verwaltungsorganisation gefordert wird, andererseits hingegen lediglich von der Nutzung des
Internets bzw. der digitalen Unterstützung von Information, Kommunikation und Transaktionen zwischen Verwaltung und Bürger die Rede ist. Es bleibt demnach zu untersuchen, ob E-
Government ein neues Modernisierungsleitbild darstellt oder nur ein Instrument .

Ebenso erscheint undeutlich, welchen Stellenwert die Verbesserung gesellschaftlicher Willensbildung und demokratischer Entscheidungsverfahren innerhalb von E-Government einnimmt. REINERMANN und VON LUCKE schließen in ihre Definition den gesamten öffentlichen Sektor, bestehend aus Legislative, Exekutive, Jurisdiktion und öffentlichen Unternehmen, von der lokalen bis zur globalen Ebene ein (REINERMANN, VON LUCKE 2000, S. 1). Tatsächlich kann dem Internet die Möglichkeit eines verbesserten Bürgerzugangs etwa zu Parlamenten nicht abgesprochen werden. So gibt es auf den Internetseiten des Deutschen Bundestages neben Textinformationen bereits Parlamentsfernsehen für ausgewählte Plenardebatten, das durch ein TV-Archiv ergänzt wurde.[1] Weitergehende Interaktionsmöglichkeiten werden zum Beispiel im Petitionsbereich angedacht, welche den Petenten die Antragstellung und Verfolgung des Verfahrens im Internet erleichtern können (REICHARD/ SCHUPPAN 2001, S. 5).

Andere Meinungen sehen den Kern von E-Government jedoch im Wirkungsfeld der öffentlichen Verwaltung (im Sinne einer *E-Administration*) und beziehen auch Partizipationsmöglichkeiten lediglich auf diesen Bereich, zum Beispiel in Form des Meinungsaustauschs zwischen Bürgern und Behörden. *E-Democracy*, insbesondere durch Wahlen im Internet, gehöre lediglich im sehr weiten Sinne zu E-Government (KAISER 2001, S. 57).

Da die technisch-organisatorischen Konzeptionen von E-Government auch für demokratische Willensbildungsprozesse geeignet erscheinen, wäre es verfehlt einen Ideentransfer von der virtuellen Verwaltung auf die Internetaktivitäten von Parlamenten oder Gerichten von vornherein auszuschließen. Möglicherweise wäre es hilfreich, den Bereich E-Democracy stärker als eigenständiges Ziel herauszustellen (REICHARD/SCHUPPAN 2001, S. 5). Für die öffentliche Verwaltung, um die es hier geht, soll sich E-Government daher im Folgenden auf ihre eigenen Beziehungen zu ihrer Umwelt und die dazugehörigen Prozesse konzentrieren.

Diese Beziehungen und Prozesse, das machen die Definitionen von E-Government deutlich, können in unterschiedlichen Dimensionen angelegt werden. Auf der Seite der virtuellen Prozesse werden Informations-, Kommunikations-, Transaktions- und Partizipationsvorgänge beschrieben (mehr dazu an anderer Stelle). Auf der Seite der Beziehungen geht es um die integrierte Betrachtung der Interaktionen zwischen Verwaltung und Bürgern bzw. Bürgergruppen (Government to Citizen – G2B), Verwaltungen und Unternehmen (Government to Business – G2B) sowie zwischen Behörden untereinander (Government to Government – G2G). Tabelle 2 stellt diese Dimensionen in einer Matrix dar und ordnet den Kategorien charakteristische Anwendungsbeispiele zu, von denen einige im weiteren Verlauf dieses Kapitels an geeigneter Stelle aufgegriffen und näher erläutert werden.

---

[1] www.bundestag.de/aktuell/tv/index.htm (8.11.2001)

Tabelle 2: Dimensionen und Anwendungsbeispiele von E-Government

	G2C	G2B	G2G

Information	- Behördenwegweiser
	- Bürgerinformations-
	  systeme
	- Touristeninformationen
		- Pressedienste
		- Wirtschaftsinformatio-
		  nen (Daten/Förderung)
		- Standortmarketing
			- Informations- und Wis-
			  sensmanagement
			  (insbes. Führungs-
			  informationssysteme,
			  Gremieninformations-
			  systeme, Fachinfor-
			  mationssysteme)

Kommunikation	- E-Mail - E-Formulare	- E-Mail - E-Formulare	- E-Mail - Verwaltungsdaten- netze - Videokonferenzen

Transaktion	- Elektronische Beschei-
	  de
	- Elektronische Services
	  (Kfz-Zulassung, Perso-
	  nalausweise etc.)
	- Lebenslagenmodell
		- Elektr. Marktplätze
		- Ausschreibung
		- Elektronische Vergabe
		- Elektronische Services
		  (Lizenzen, Handelsre-
		  gistereintragung etc.)
			- Vergabe
			- Telekooperation
			- Workflow-Systeme
			- Dokumentenmanage-
			  ment
			- Groupware

Partizipation	- Chatrooms, Bürgerforen - Befragungen - Abstimmungen, Wahlen	- Wirtschaftsforen - Befragungen	

(In Anlehnung an: REINERMANN/VON LUCKE 2000, S. 3-5; PAULSEN 2001, S. 151)

Die Konzeptionen um den E-Government-Begriff sowie seine Anwendungen sind nicht schlagartig entstanden, sondern markieren den aktuellen Stand einer Entwicklung, auf die im Folgenden näher einzugehen ist. Damit kann der Antwort auf die Frage, ob E-Government Leitbild bzw. neue Reformphase oder doch nur Instrument ist, ein Schritt näher gekommen werden.

3.1.2 Informations- und Kommunikationstechnik in der Verwaltung

Informations- und Kommunikationstechnik (IuK-Technik) bezeichnet als Systeme verbundene Geräte (*Hardware*) und Programme (*Software*). Für den Bereich der öffentlichen Verwaltung können drei Anwendungsbereiche klassifiziert werden (nach: OBENHAUS 1994, S. 298):

1. *Datenverarbeitungssysteme* beziehen sich meist auf Großrechner in Rechenzentren, in denen Fachkräfte in arbeitsteiligen Verfahren mittels Anwendungsprogrammen für die Verarbeitung großer Datensätze sorgen.

2. *Datenübertragungssysteme* dienen der Übertragung digitaler Informationen mit Hilfe von Netzwerken und angeschlossenen Datenhaltern sowie durch geeignete Software zum korrekten Transport und zur Anwendungshilfe.

3. *Bürosysteme* bezeichnen die digitale Informationsverarbeitung unter Verwendung spe-
    zieller Programme für Anwendungs- und Kommunikationsaufgaben unter Einsatz von
    dezentral in Verwaltungsbereichen eingesetzten Arbeitsplatzrechnern.

In der öffentlichen Verwaltung in Deutschland werden IuK-Techniken mit diesen Merkmalen
eingesetzt, seit die technischen Möglichkeiten dazu vorhanden sind. Es wäre jedoch unzureichend, Einsatz und Entwicklung dieser Techniken in der Verwaltung allein deren Verfügbarkeit am Markt zuzuschreiben. Natürlich macht der technologische Fortschritt die Anwendung
und Verbreitung solcher Systeme erst möglich, es ist jedoch auch von Interesse, wie die Ein-
stellungen und Erwartungen der Akteure im politisch-administrativen System ausgerichtet
sind und welche Ziele sie durch Einsatz von IuK-Technik realisieren möchten. Denn die Informatisierung war von Beginn an eng mit Themen der Verwaltungsreform verbunden, da der
behördlichen Nutzung der Technik tief greifende Auswirkungen auf Strukturen und Funkti-
onen der Verwaltungen sowie auf ihre Arbeitsprozesse und Leistungen zugesprochen werden (GRIMMER/WIND 2001, S. 232).

Dafür haben sich zwei gegensätzliche Erklärungsansätze herausgebildet. Die *Katalysator-
These* sieht die IuK-Technik als Unterstützerin der Reform, weil sie bestehende Arbeitsprozesse verändert, alte Machtpositionen untergräbt und neue Gestaltungsformen ermöglicht.
Die *Machtverstärker-These* hingegen betont die optimierende Wirkung der IuK-Technik vor
allem auf die Effektivität vorhandener Abläufe und damit die Zementierung bestehender
Herrschaftsstrukturen. Beide Hypothesen sind erschöpfend mit Beispielen belegt, so dass
kaum ein generalisiertes Urteil erwartet werden kann (BEYER 1998, S. 256f). NULLMEIER
macht vorwiegend disziplinäre Bindungen für wissenschaftliche Differenzen verantwortlich.
Demnach liegt es vorwiegend am Selbstverständnis der Wissenschaftler, ob IuK-Technik in
der Verwaltung eher kritisch evaluiert oder beratend gefördert werden soll (NULLMEIER 2001,
S. 251).

Ergiebiger erscheint daher ein Blick auf die wesentlichen Entwicklungsphasen, in denen die
Informations- und Kommunikationstechnik unterschiedliche Rollen, vom Unterstützer bis zum
Reformbremser, eingenommen hat. Von dieser Position aus lassen sich verschiedene Informatisierungsphasen in der deutschen Verwaltung unterscheiden, die im Folgenden dargestellt werden (Tabelle 3).

3.1.3   Informatisierungsphasen in der öffentlichen Verwaltung Deutschlands

In der Zeit der frühen 1950er bis späten 1960er Jahren wurde die Technisierung von Teilaufgaben des Verwaltungsbetriebs vorwiegend von *Pionieren*, von *Einzelkämpfern* betrieben. Diese waren meist Autodidakten der Informationstechnik und stießen auf großen Wider-

stand einer traditionellen Verwaltungsführung. Hauptsächlich ging es bei ihren Versuchen um den Technologieeinsatz bei rechenbaren Teilaufgaben, wobei die Datenverarbeitungsverfahren unverbunden blieben (BRINCKMANN/KUHLMANN 1990, S. 18).

Tabelle 3: Informatisierungsphasen in der öffentlichen Verwaltung in Deutschland

Phase	Dauer	Technisch-organisatorische Orientierungen
Pionierzeit	1950-1970	- Versuche und Grundlegungen bei rechenbaren Teilaufgaben
Gründerzeit	1965-1975	- Durchbruch der Automatisierung bei Massenverfahren - Aufbau von Informationssystemen
Konsolidierungszeit	1975-1985	- Ausweitung der Automatisierung - Dezentralisierung des Sachbearbeiterzugriffs auf DV-Systeme / Integration der Datenbestände
Neuorientierung	1982-1995	- Verselbstständigung dezentraler DV - gewachsene Ansprüche an Informatisierung - kommunikationstechnische Vernetzung - neue Integrationskonzepte - Versuch der Informatisierung komplexer Entscheidungssysteme (Expertensysteme)
Virtualisierung	seit Mitte der 90er Jahre	- IuK wird wichtigster Produktionsfaktor neben menschlicher Arbeit - Einbindung ins Internet - Computer als Standardmedium der Interaktion - Integration bestehender Systeme und Prozesse mittels Internet - Leitbild „virtuelle Verwaltung" mit Workflow und Groupware als neuen Optionen

(Quellen: WIND 1999, S. 80; BRINCKMANN/KUHLMANN 1990, S. 20; BEYER 1998, S. 257ff)

In der *Gründerzeit* der 1960er und 1970er Jahre hielten IuK-technologische Komponenten breiten Einzug in die deutschen Verwaltungen. *Verwaltungsautomation* war damals der Trendbegriff, der vor allem Systeme der Informationsverarbeitung bezeichnete, die in Bund, Ländern und Gemeinden von neu eingerichteten Rechenzentren betrieben wurden. Dem vermeintlich strikt geregelten Verwaltungshandeln schien eine regelgesteuerte Informationsverarbeitung und die Automation der Vorgänge in idealer Weise zu entsprechen. Die algorithmische Rechtsanwendung erschien so schlüssig und universell, dass sogar eine automatisierte Rechtsprechung diskutiert wurde (BEYER 1998, S. 257). Unter dem generellen Modernisierungsleitbild der politisch-administrativen Planungs- und Steuerungsoptimierung hatte die IuK-Technik weiterhin den Zweck, große Datenmengen, zum Beispiel im Melde- und Sozialwesen, aufzunehmen und zu verarbeiten. Für die Führungsebene sollten möglichst viele informationstechnische Verfahren in Systemen gebündelt werden, um steuerungs- und planungsrelevante Daten zur Verfügung zu stellen (BRINCKMANN/KUHLMANN 1990, S. 18f). Die Verwaltungsautomation scheiterte jedoch an ihrer eigen Starrheit. Speziell im Ermessensfall ließen sich die Verwaltungsprozesse nicht durch regelgesteuerte Systeme mechanisieren. Zusätzlich führte die Abtrennung der Rechenzentren vom Rest der Verwaltungsarbeit eher zur Zerstückelung von Arbeitsprozesse und Verantwortung als zu innovativen Planungs- und Steuerungspotenzialen. Mangelnder Bürgernutzen stellte die Systeme zusätzlich infrage (BEYER 1998, S. 257f). Mit dem Ende der Planungseuphorie klangen allmählich auch die weit reichenden Automatisierungspläne aus und nahmen in der nächsten Phase eine Wendung zu gesteigerter Verwaltungszusammenarbeit und Bürgernutzen.

Die *Konsolidierungszeit* war bis Mitte der 1980er Jahre vorwiegend durch den Ausbau der Rechenzentren und Datenverarbeitungsverfahren gekennzeichnet. Auf der technischen Seite setzte die Dezentralisierung der Datenverarbeitung ein und ermöglichte Terminal-Arbeitsplätze in Büros und Amtsstuben sowie die Datenfernverarbeitung durch Vernetzung mit Systemen der Rechenzentren. Damit wurde es zum Beispiel möglich, in kommunalen Bürgerzentren unterschiedliche Dienstleistungen an einem Ort zu bündeln, da sich von dort aus vielfältige Daten zur Bearbeitung von Bürgerangelegenheiten abfragen ließen. Die umfangreiche Zusammenführung bzw. Integration von Datenbeständen sollte die verschiedenen Behörden enger verbinden und eine „Einheit in der Verwaltung" durch optimierte Zusammenarbeit ermöglichen (BEYER 1998, S. 258). Die weitergeführte Automatisierung stieß jedoch schon gegen Ende der 70er Jahre an politische, organisatorische und finanzielle Grenzen. Auch in der Gesellschaft wuchsen allmählich Zweifel und Widerstände gegen ungebremste Automation und Datenerfassung (Stichwort: *Überwachungsstaat*). Breite Debatten über Datenschutz und erste Datenschutzregelungen kamen auf und zwangen, viele Informatisierungspläne umzudenken und zu überarbeiten. (BRINCKMANN/KUHLMANN 1990, S. 19).

Die Zeit der *Neuorientierung* löste zu Beginn der 1980er Jahre allmählich die Konsolidierungsphase ab. Sie stand einerseits im Zeichen neuer, leistungsfähigerer, flexiblerer und preiswerterer IuK-Technik, andererseits unter der Erkenntnisverarbeitung vorangegangener Phasen. Kompetenz über Hard- und Software etablierte sich in den Fachbereichen der Verwaltungen und führte zur Programmierung vielfältiger Fachanwendungen. Hard- und Software hatten vor allem zum Ziel, die Verwaltungsarbeit durch Verbesserungsmöglichkeiten bei Eingabe, Verarbeitung, Speicherung und Übertragung von Daten von jedem Platz aus effizienter zu machen. Bisher unternahmen die Behörden die Entwicklung ihrer IuK-Technik weit gehend selbst, wurden dabei jedoch vereinzelt von der wissenschaftlichen Verwaltungsinformatik analysiert, beraten und angeregt. Die Einführung betriebswirtschaftlicher Instrumente (NSM) in den frühen 90er Jahren brachte nun eine breite Übertragung und Anpassung von Unternehmenssoftware in den öffentlichen Sektor mit sich, insbesondere aus dem Bereich des Rechnungswesens. Neben der Verwaltungsinformatik etablierten sich damit Elemente der Wirtschaftsinformatik in den Behörden (NULLMEIER 2001, S. 252). Im Verlauf der 90er Jahre existierte nahezu keine Behörde von der Bundes- bis zur Lokalebene mehr, die nicht an der Ausweitung ihrer spezifischen IuK-Technik arbeitete und deren Optimierung als Unterpunkt auf der Reformagenda führte. Angesichts der relativ geringen Integration der vielfältigen Bereiche der Informationsverarbeitung drangen zunehmend Anforderungen und Probleme einer strategischen Informationsorganisation in den Diskurs. Denn die Informatisierungsprojekte von Bundes-, Landes- und Kommunalregierungen folgten zuvor vorwiegend separaten wirtschaftspolitischen Überlegungen und behinderten ein koordiniertes Vorgehen (BRINCKMANN/KUHLMANN 1990, S. 19). Häufig entstanden dadurch Insellösungen, die zu inkompatiblen Ausstattungen führen und damit Medienbrüche im Informationsfluss zusammenarbeitender Behörden auslösten. Medienbrüche kennzeichnen Schnittstellen zwischen Interaktionspartnern, bei denen der Informationsfluss durch inkompatible Medien beider Seiten unterbrochen wird. Reinermann erwähnt etwa den Fall, in dem der Datenaustausch zwischen Polizeidienststellen und kommunalen Busgeldstellen in einigen Ländern wegen separater Technikentwicklung immer noch auf dem Papierweg erfolgt (REINERMANN 1999, S. 12). Die beginnende *Telekooperation,* also die vernetzte, ortsunabhängige Zusammenarbeit von Behörden am gleichen Verfahren, erforderte jedoch verstärkte Koordination und Synchronisation der Systeme (TRAUNMÜLLER 1999, S. 38f).

Die *Virtualisierungsphase,* die in der zweiten Hälfte der 90er begann, soll im Folgenden genauer betrachtet werden. Durch Entwicklungen in dieser Zeit gestaltete sich Electronic Government aus, das der Kerngegenstand dieser Arbeit ist, und daher eine detailliertere Darstellung verlangt.

3.2 Markierungspunkte eines neuen Modernisierungsleitbildes

3.2.1 Impulse für einen neuen Reformdiskurs

Mit der aktuellen *Virtualisierungsphase,* die mit der behördlichen Nutzung des *Internet* begann, hat die Informations- und Kommunikationstechnik einen Grad der Anwendungsreife erlangt, der sie nach der menschlichen Arbeit als wichtigsten Produktionsfaktor bei der Erstellung von Verwaltungsleistungen erscheinen lässt (LENK 1999, S. 123). Denn abgesehen von wenigen Ausnahmen, wie zum Beispiel den gescheiterten Expertensystemen zu Beginn der 1990er Jahre, verankerten sich die Ergebnisse der jüngeren Informatisierungsprojekte weitgehend und bereiteten weiteren Entwicklungen den Weg. Inzwischen verfügt nahezu jede größere Behörde über eigene IuK-Organisationseinheiten, steht in dauerhaften Vertragsbeziehungen zu externen Dienstleistern oder vergibt Aufträge an Beratungsfirmen zur Unterstützung der informationstechnologischen Weiterentwicklung.

Es wurde dargestellt, dass die vergangenen Informatisierungsphasen weitgehend einen inhaltlichen Bezug zu Phasen der Verwaltungsmodernisierung aufwiesen. Jedoch standen die IuK-Aktivitäten bisher eher am Rande umfassender Reformprojekte.

Mit der Phase der Virtualisierung rückt die IuK-Technik nun deutlich ins Zentrum der Aufmerksamkeit und wird inzwischen als wichtigstes Mittel für die Reform der öffentlichen Verwaltung bezeichnet. E-Government gilt geradezu als Schlüssel der Verwaltungsmodernisierung (MEMORANDUM ELECTRONIC GOVERNMENT 2000, S. 2). Da ein neuer Modernisierungsdiskurs vermutet werden kann, können in Anlehnung an den Betrachtungsrahmen aus Kapitel 2.1 zunächst folgende Impulse für diese Entwicklung genannt werden:

- Analog zur Realisierung des NSM gestaltet sich die Verbreitung der IuK-Technik durch die hohe Autonomie der Verwaltungseinheiten stark fragmentiert. Während sich eine Vielzahl von Verwaltungen noch mit der Einführung von softwaregestützten Kostenrechnungen quält, steht an anderer Stelle *Telekooperation* im Vordergrund. Zentrale politische Kooperationsinitiativen fehlten bis zum Ende der 90er Jahre (NULLMEIER 2001, S. 250). Die fortschreitenden Vernetzungsmöglichkeiten sowie die hohen Kosten autonomer IuK-Entwicklungen verlangten geradezu nach verstärkter Kooperation und Harmonisierung und damit nach höherer Unterstützung durch Politik und Verwaltungsführung.

- Die starke Verbreitung von Internetanschlüssen in den 90er Jahren (siehe: Anhang 1) führte dazu, dass immer mehr Bürger mit den Möglichkeiten des Mediums vertraut wurden und dessen Angebote nutzten. Eine Studie des *Instituts für Demoskopie Allensbach* aus dem Jahr 2000 wies nach, dass sich mehr Bürger dafür interessieren, Behördenangelegenheiten online zu erledigen (53%) als Bankgeschäfte zu tätigen (48%) oder Eintrittskarten zu bestellen (46%) (KÖCHER 2000, S. 7). Die Nachfrage, die zur Ausweitung von E-Commerce-Angeboten der Privatwirtschaft führte, richtet sich zunehmend auch auf den öffentlichen Sektor. Dass für diese Nachfrage die bloße Internetpräsenz von Behörden nicht mehr ausreicht, bestätigte Bundeskanzler SCHRÖDER mit den Worten: „In ein paar Jahren würde kaum noch jemand Verständnis dafür haben, wenn man Personalausweis oder Führerschein nicht per Internet beantragen kann" (SCHRÖDER 2001, S. 9).

- Der Nachfragesog wird zusätzlich durch die starke Konkurrenz und den Preiskampf der Hersteller begünstigt, die zu einer starken Verbreitung von Endgeräten (PC, Laptop, WAP-Mobiltelefon, Organizer etc.) geführt hat, mit denen die Anwender Zugang zur Welt der Informationstechnik erlangen und nach Angeboten suchen. Zusätzlich verschwinden proprietäre Systeme (etwa inkompatible Betriebssysteme, Browser, Anwendungen etc.) zunehmend vom Markt, so dass durch kompatible und standardisierte Angebote für den Nutzer mehr Übersicht und Vielfalt entsteht (REINERMANN 2000, S. 5f).

- Der Wandel von einer Industrie- zu einer Informations- und Dienstleistungsgesellschaft erzeugt insbesondere unternehmerische Ansprüche auf angemessene infrastrukturelle

Ressourcen, um im internationalen Wettbewerb chancenreich sein zu können. Um Zu-
kunftsfähigkeit zu demonstrieren liegt es nahe, dass Regierung und Verwaltung sich zu
Förderern solcher Informationsinfrastrukturen machen und zugleich als Nutzer auftreten, um mit gutem Beispiel voranzugehen und Sachverstand zu demonstrieren (LENK
1999, S. 125).

- Mit dem vorläufigen Erfolg des E-Business in den frühen 1990er Jahren entstand eine
  Modernisierungswelle in privatwirtschaftlichen Unternehmen, die zahlreiche informationstechnische Optimierungsangebote für die gesamte Wertschöpfungskette auf den
  Markt brachte. Schnell wurde das enorme Marktpotenzial der öffentlichen Verwaltung
  und ihr Bedarf an IuK-Technik und Beratung von Unternehmen erkannt, die im Bereich
  des E-Business nach neuen Absatzfeldern suchten. Marketing und Penetration von der
  Anbieterseite waren so erfolgreich, dass sogar in verwaltungswissenschaftlicher Literatur das Programm *R3* der deutschen Firma *SAP* geradezu als „Spitzeninnovation" für
  die Verwaltung beschrieben wurde (NASCHOLD/OPPEN/WEGENER 1998, S. 81).

- Schließlich führt der Leistungsvergleich und der Innovations- und Standortwettbewerb
  auf internationaler Ebene zu weiterem Handlungszwang, der an die Anfänge der NPM-
  Modernisierung in Deutschland erinnert. Während internationale Spitzenreiter wie Sin-
  gapur bereits seit 1992 über eine Internetstrategie verfügen, folgten das Vereinigte Königreich und Österreich immerhin im Jahr 2000 (VON LUCKE 2000a, S. 187f). Nach einer aktuellen Studie der Marktforschungsgruppe TNS EMNID nutzen bislang nur 17%
  der Deutschen Verwaltungsdienstleistungen im Internet, während der Durchschnitt der
  27 untersuchten Staaten bei 26% liegt (TNS EMNID 2001, S. 10). Da nach der Allens-
  bach-Studie die Nachfrage jedoch vorhanden ist, scheint das Angebot ausgebaut werden zu müssen, wenn Deutschland aus dem Mittelfeld aufsteigen möchte. Durch die I-
  nitiative *BundOnline 2005*, mit der die Bundesregierung Anfang 2001 die Absicht bekannt machte, bis zum Jahr 2005 alle internetfähigen Dienstleistungen der Bundesverwaltung online anbieten zu wollen, wird deutlich, dass auch Impulse des internationalen Wettbewerbs Wirkung hinterlassen haben.[2]

Demnach sind es insbesondere gewachsene technische Reife sowie spezifische Anforderungen an das Verwaltungshandeln, welche die Informatisierung der Verwaltung von einer
wenig beachteten „Geheimwissenschaft" ins Zentrum der Reformdiskurse und der Moderni-
sierungspraxis führten (REINERMANN 2000, S. 5f). Electronic Government scheint damit eine
neue Phase der Verwaltungsmodernisierung auszulösen.

---

[2] www.bundonline2005.de (2.11.2001)

Deutlich erkennbar wird dies zum einen an der wachsenden Anzahl wissenschaftlicher Publikationen und Fachtagungen zu diesem Bereich, an denen sich inzwischen auch die sozialwissenschaftliche Verwaltungsforschung intensiv beteiligt. Vor allem wird aber auch die strategische Bedeutung deutlich, welche Behörden auf allen Ebenen dem übergreifenden IuK-Einsatz seit der zweiten Hälfte der 90er Jahre beimessen. Nur beispielhaft sei an dieser Stelle erwähnt, dass in den Bundesländer Bayern (*Bayern Online*) und Nordrhein Westfalen (*Landesinitiative Media NRW*) schon 1995, in Rheinland-Pfalz (*Rheinland-Pfalz inform*) und Baden-Württemberg seit 1998 begonnen wurde, die strategische Ausrichtung der Verwaltungsmodernisierung durch Informations- und Kommunikationstechnik anzugehen (REINERMANN 1999, S. 21). Eine Studie der Beratungsgesellschaft *PricewaterhouseCoopers* (PwC) unter den größten deutschen Städten belegte, dass zwar nur 12% über eine ausformulierte Informatisierungsstrategie verfügen, jedoch 65% der befragten Städte diesen Schritt in ihrer Planung berücksichtigt haben (PWC DEUTSCHE REVISION 2000, S. 12). Die Bundesregierung schloss sich erst im April 2001 mit der bereits erwähnten Initiative *BundOnline2005* an, der im November 2001 ein Masterplan folgte (BMI 2001b). Es soll jedoch erwähnt werden, dass bereits früher Initiativen und Modellprojekte gesteigertes Engagement für Informationstechnik in der Verwaltungsmodernisierung und die Förderung von Infrastrukturen und Qualifizierung belegen (z.B. Städtewettbewerb *Media@Komm*[3] von 1998; *Initiative D21*[4] von 1999).

Die beschriebenen Impulse, die wachsende strategische Bedeutung sowie die sowie Entschlossenheit und Ausweitung des Diskurses lassen schließen, dass ich E-Government tatsächlich als neue Reformphase der öffentlichen Verwaltung etabliert. In Kapitel 2 wurde die Umorientierung vom NPM-Diskurs zu einem *Aktivierenden Staat* hin dargestellt. E-Government widerspricht dem keineswegs, denn die Änderung des Verwaltungshandelns durch E-Government ist eng mit den angestrebten Veränderungen des Aktivierenden Staates verknüpft (GRIMMER/WIND 2001, S. 232). Obwohl weiterhin starker Druck auf den öffentlichen Haushalten liegt, stehen bei E-Government nicht nur (aber auch) erhöhte Produktivität und Kosteneinsparungen im Zentrum. Zusätzlich wird immer entschlossener gefordert, die Potenziale der IuK-Technik gleichzeitig zur Verbesserung der Beziehungen zwischen Verwaltung und Umwelt einzusetzen, insbesondere zu erhöhter Servicequalität, Transparenz und Partizipation (SCHÖNBOHM 2001, S. 4; ZYPRIES 2001a, S. 26). Während jedoch unter dem Aktivierenden Staat ein Leitbild zur Veränderung der gesamten Staatlichkeit etabliert werden soll, ist E-Government der dominante Modernisierungsdiskurs für die öffentliche Verwaltung auf allen Ebenen geworden und leitet damit eine übergreifende Reformphase ein.

---

[3] www.mediakomm.de (3.11.2001)

[4] www.initiatived21.de (3.11.2001)

Die Verwaltungsmodernisierung durch E-Government wird durch Kernaspekte bestimmt, von denen im Folgenden die voranschreitende *Virtualisierung* und *Integration* beschrieben wird. Als weitere zentrale Themen werden *Verwaltungsportale* sowie *Sicherheitsaspekte des Datenverkehrs* vorgestellt.

3.2.2 Virtualisierung und Integration

Im Modernisierungsdiskurs um E-Government werden zwischen Wissenschaft, Beratung, Politik und Verwaltungspraxis insbesondere zwei Orientierungen hervorgehoben: erstens die wachsende Virtualisierung des Zugangs zur Verwaltung durch das Internet und zweitens die umfassende Integration von Informationssystemen in organisatorisch-technische Binnenstrukturen der Behörden sowie in deren Beziehungen zu anderen Verwaltungen, zu Politik, Wirtschaft und Gesellschaft.

Virtualisierung der Verwaltung

Mit Internetdiensten wie dem *World Wide Web* (WWW) wird der Zugang zu Informationen raum- und zeitunabhängig. Die organisatorischen Grenzen bei der Abwicklung von Kommunikations- und Geschäftsprozessen zwischen Bürger und Verwaltung verschwimmen. Das Internet bildet damit den Einstieg in die *virtuelle Verwaltung* (GRIMMER/WIND 2001, S. 233f).

Virtuell bedeutet, dass die tatsächliche Aufbauorganisation beim Behördenkontakt nicht in Erscheinung tritt und dass fragmentierte Einheiten als Ganzes erscheinen. Dem Besucher der virtuellen Verwaltung wird dabei eine Einheit vorgeführt, die real nicht existiert. Sie öffnet ein Fenster zu Behördendienstleistungen, bei dem der Bürger idealerweise verstreute Zuständigkeiten und organisationsübergreifende Abläufe der Geschäftsprozesse nicht wahr nimmt (LENK 1999, S. 128). Der Internetauftritt allein macht eine Behörde jedoch nicht virtuell. Der Internetbeauftragte des Deutschen Städte- und Gemeindebundes, FRANZ-REINHARD HABBEL, erkennt vier Entwicklungsstufen auf dem Weg zur virtuellen Behörde (in: JANSEN/ PRIDDAT 2001, S. 18; HABBEL 2001, S.1-2):

1. Behörden verwenden das Internet in der Form eines Informationsschaufensters. Der Besucher kommuniziert nicht direkt mit der Behörde, sondern nur mit dem vorhandenen Internetangebot (Informationssysteme, Suchmaschinen, FAQs etc.). Von den 10.000 größeren Städten und Gemeinden verfügen bislang erst ca. 4.800 über solche Schaufensterangebote.

2. In einer zweiten Stufe beginnt die direkte Kommunikation zwischen Bürgern und Verwaltung über *E-Mail* bei einfachen Anfragen oder über elektronische Formulare, die der Bürger aus dem Netz herunterladen und am Monitor ausfüllen kann. Wirklich interaktiv

ist das Angebot aber noch nicht, da die Formulare noch ausgedruckt, unterschrieben und per Post an die Behörde verschickt werden müssen. Während der E-Mail-Kontakt bei den meisten größeren Behörden bereits besteht, verfügen auf kommunaler Ebene erst ca. 20% über solche Kommunikationsdienste.

3. Die dritte Stufe wird erreicht, wenn sich die Verwaltungen zu virtuellen Wirtschafts- und Arbeitsräumen für Bürger, Unternehmen und andere Behörden verwandelt haben. Mithilfe elektronischer Signaturen können Formulare online rechtskräftig unterschrieben und übertragen werden. Damit sind unter anderem Baugenehmigungen, Einträge in Handelsregister oder Steuererklärungen online durchführbar. Reale Behördenbesuche werden zunehmend unnötig. Unterstützt durch den Städtewettbewerb Media@Komm, sind vor allem die Sieger Bremen, Esslingen und Nürnberg Vorreiter in dieser Phase und entwickeln mithilfe der Preisgelder Modelllösungen, die von anderen Städten und Gemeinden übernommen werden können. Insbesondere Bremen bietet bereits Transaktionsmöglichkeiten in den Bereichen Wohnen, Studium oder Bauen mit der elektronischen Signatur an.[5]

4. Von der vierten Stufe sind deutsche Behörden noch am weitesten entfernt. Das Netz ermöglicht dann die Partizipation der Bürger an politischen Entscheidungsprozessen. Stadtplanerische Entscheidungen wie der Verlauf einer Straße, die Anlage eines Parks oder der Bau eines Tunnels können im Netz dargestellt und von den Bürgern direkt kommentiert werden (*E-Participation*). Ansätze in dieser Richtung finden sich bislang nur sehr vereinzelt, wie zum Beispiel beim Bürgernetz der Stadt Münster[6] oder dem europäischen Modellprojekt im Bremer Stadtteil Horn-Lehe,[7] in dem erstmalig ein Flächennutzungsplan von Bürgern online debattiert werden kann. Meist reicht das Angebot über einen elektronischen Beschwerdekasten wie in Arnsberg[8] aber nicht hinaus.

Augenscheinlich liegt in der Virtualisierung die Erwartung, über neue Zugangswege zu Informationen und Dienstleistungen die Beziehungen zwischen Bürgern bzw. Unternehmen und Verwaltung zu verbessern. Auch wenn die Mehrzahl der Behörden sich erst auf den unteren Stufen befindet, zeichnet sich ab, dass der Computer auf dem Weg ist, ein selbstverständlicher Standard der Interaktion zwischen Verwaltung und Umwelt zu werden.

---

[5] www.bremer-online-service.de (5.11.2001)

[6] www.muenster.de/buergernetz (5.11.2001)

[7] www.horn-lehe.de (5.11.2001)

[8] http://www.gcp-online.de/StadtArnsberg/urlap.html (5.11.2001)

Integration

Die Verbesserung der Beziehungen über neue Zugangswege stellt jedoch nur die Spitze eines Eisbergs dar. Insbesondere die höheren Stufen der Virtualisierung sind nur zu erreichen, wenn die virtuell wahrgenommenen Verwaltungsleistungen nicht in traditionellen Behördenprozessen stecken bleiben. Daher wird im Diskurs gefordert, den ganzheitlichen Prozess vom ersten Kontakt des Bürgers bzw. Unternehmens hinein in die Verwaltung und über alle betroffenen Ebenen zu betrachten. Durch Integration von menschlichen Beiträgen von Bürgern und Verwaltungsmitarbeitern mit verbindenden IuK-technischen Komponenten können somit neue Prozesse der kooperativen Dienstleistungserstellung entstehen, die sowohl zu mehr Qualität als auch gesteigerter Produktivität beitragen. Reorganisation und Modulierung von Geschäftsprozessen, die Außenbeziehungen und Binnensicht integriert betrachten, werden daher als Erfolgsvoraussetzung für die virtuelle Verwaltung gewertet (MEMORANDUM ELECTRONIC GOVERNMENT, S. 26f). Das Konzept der Produktbeschreibung aus dem Neuen Steuerungsmodell erfährt in diesem Zusammenhang als Ansatzpunkt für die Umgestaltung von IuK-unterstützten Geschäftsprozessen neuen Auftrieb (BLUMENTHAL 2000, S. 18f).

Die Überbetonung der Technik als zentrales Modernisierungsinstrument und einer dazu komplementären Vernachlässigung der Organisation und der Arbeitsprozesse führte in der Vergangenheit zum so genannten *Produktivitätsparadoxon*, da sich trotz vermeintlich produktivitätsfördernder Technik keine tatsächlichen Effizienzgewinne nachweisen ließen (BEYER 1998, S. 260). Daher wird nicht mehr die *Vollautomation* diskutiert, vielmehr sollen integrierte „Mensch-Maschine-Tandems" (LENK 1999, S.126) auf einer vernetzten Plattform im Verwaltungsprozess arbeitsteilig zusammenwirken. Technik, Organisation und Personal stehen demnach in enger Verbindung, weshalb die entsprechende Personalqualifikation besonders hohen Stellenwert hat (MEMORANDUM ELECTRONIC GOVERNMENT, S. 37).

Begreift man IuK-Technik im Zusammenhang mit den Dienstleistungsprozessen, kommt man zu einem anderen Verständnis von Systementwicklung, durch das Starrheit und Fragmentiertheit bisheriger Anwendungen überwunden werden kann. Das Monopol der Großrechner (*Mainframes*) wird bereits durch ein *Downsizing* zu leistungsfähigen aber flexibleren *Client-Server-Systemen* gebrochen (BEYER 1998, S. 261). IuK-Systeme haben inzwischen einen hohen Grad an Kompatibilität und Standardisierung erreicht, so dass anstelle von vorgegebenen Lösungen nun ein substanzieller Teil der Anwendungen direkt im Verwaltungsprozess auf dezentralen Rechnern läuft, während zentrale Dienste (Datenbanken, Datensicherung, Bereitstellung von Software) von standortunabhängigen Servern bereitgestellt werden (REINERMANN 1999, S. 18). Für jede Behörde und jeden Behördenverbund kann somit das angemessene Verhältnis (*Rightsizing*) zwischen zentralen und dezentralen Anwendungen und Daten ermittelt bzw. die passende *Systemarchitektur* konstruiert werden (BEYER 1998, S.

262). Solche Systemarchitekturen können auf die prozessabhängigen Technik-Bedarfe von Verwaltungen und ihrer Mitarbeiter weit besser angepasst werden als starre Großanlagen, bei denen immer wieder Zugangsprobleme und Anschlusslücken zwischen den Prozessbeteiligten auftauchen.

Werden aber Medienbrüche überwunden und bisher abgeschottete Datenbasen harmonisiert und integriert, ergeben sich für die Verwaltungszusammenarbeit neue Möglichkeiten entfernungsunabhängiger und organisationsübergreifender *Telekooperation*. Je nach Prozessart kann für abgrenzbare und standardisierte Vorgänge so genannte *Workflow-Software* eingesetzt werden, welche den stufenweisen Verwaltungsprozess technisch unterstützt, ohne Beteiligte auszuschließen. Für weniger strukturierte Bereiche lässt sich *Groupware* anschliessen, die mehreren Plätzen gemeinsames Bearbeiten und parallelen Zugriff gestattet. Dokumenten- und Wissensmanagement unterstützen die Bearbeitung und Entscheidungsfindung mithilfe von dynamischen Informationsdatenbanken (BEYER 1998, S. 265).

Produktion und Vertrieb der Verwaltungsdienstleistungen, und damit auch die Einbindung der Bürger in den Prozess, können durch Telekooperation an unterschiedlichen Standorten erfolgen. Darin werden sich nicht nur Potenziale zu verbessertem Kundenservice und gesteigerter Produktivität erkannt. Zusätzlich geht es um die Ermöglichung eines grundlegenden Neuzuschnitts der Verwaltungszusammenarbeit im Sinne von Public Public Partnerships, da externe Serviceanbieter zur Mitarbeit an telekooperativen Prozessen beauftragt werden können (LENK 1999, S. 132).

Virtualisierung verharrt dann nicht auf der Schaufensterstufe, sondern führt die von außen wahrgenommene Einheitlichkeit durch gestaltete Vernetzung der Binnenstrukturen fort. Zwischen Virtualisierung und Integration besteht demnach ein Wechselspiel, da jedes das andere benötigt und begünstigt.

Doch es ist noch ein weiteres Wechselspiel erkennbar. Bis in die 1990er Jahre galt die IuK-Technik in der öffentlichen Verwaltung als kaum verzichtbares, aber nur unterstützendes Instrument bei komplexen Modernisierungsvorhaben, zum Beispiel zur Unterstützung der Planungsorganisation oder beim Aufbau von Controllingsystemen. Der E-Government-Diskurs der späten 90er Jahre erfordert jedoch mehr. Er ist in seinen Visionen einerseits nur durch intensiven Technikeinsatz realisierbar und kann andererseits erst durch die parallele Integration von Erfahrungen vergangener Modernisierungsphasen (Kapitel 2) seine Wirkung entfalten. Beides bedingt und verstärkt sich bei E-Government gegenseitig. Im Wechselverhältnis von Verwaltungsreform im bisherigen Sinn mit moderner IuK-Technik liegt damit die Modernisierungskraft von Electronic Government.

3.2.3   Portale für die virtuelle Verwaltung

Ein Online-Angebot mit vielfältigen Interaktionsmöglichkeiten von Information bis Partizi-pation lässt sich mithilfe von Internetseiten prinzipiell von jeder Behörde realisieren. Da E-Government neben der Virtualisierung der Beziehungen auch Integration von Dienstleis-tungsprozessen beinhaltet, ist jedoch wenig erreicht, wenn jede Behörde und jedes Ressort sich lediglich um den eigenen Internetauftritt kümmert. Der Besucher müsste von vornherein die zuständige Behörde (und deren WWW-Adresse) kennen, bei übergreifenden Anliegen zwischen Behörden wechseln und sich mit unterschiedlichen Seitenstrukturen der Internet-angebote vertraut machen. Ohne eine Orientierungsunterstützung kann die Vielfalt der Inter-netangebote allenfalls zufällig oder nach einem Lernprozess genutzt werden. Eine solche Orientierungshilfe bieten Portale. Der Nutzer des Portals kann durch den Besuch nur einer Website (*One-Stop-Government*) zu einer Vielfalt von Informations-, Kommunikations-, Tran-saktions- und Partizipationsangeboten gelangen, die auf einer einheitlichen Orientierungs-plattform aufgeführt sind (REICHARD/SCHUPPAN 2001, S. 7).

In der Praxis treten drei Formen von Portalen der öffentlichen Verwaltung auf. Unter dem Begriff *Governmental Portal* werden Portale der Gebietskörperschaften, also von Bund (z.B. www.bund.de), Ländern (z.B. www.brandenburg.de; www.nrw.de), Städten und Gemeinden (z.B. www.potsdam.de) zusammengefasst. Sie verweisen in der Regel auf die elektronischen Angebote der zugehörigen Ministerien und Behörden. Der Begriff *Departmental Portal* kenn-zeichnet Portale von bestimmten Verwaltungseinheiten (z.B. www.bundesverwaltungs-amt.de), die über eine eigene Domain ihre jeweiligen Inhalte und Dienstleistungen offerieren. Über Hyperlinks werden beide Ansätze bereits häufig miteinander verbunden, auch wenn ebenenübergreifende Portale (z.B. www.baynet.de, das Landes- und Kommunalbehörden mit kulturellen und privaten Angeboten verknüpft) noch die Ausnahme bilden. Der Nachteil beider Portalformen ist, dass der Bürger selbst über Zuständigkeiten und Geschäftsvertei-lung Bescheid wissen muss (VON LUCKE 2000b, S. 13f.).

Durch die dritte Form können die Angebote zur Vereinfachung für den Portalbesucher jedoch auch so gebündelt und strukturiert werden, dass sie zur jeweiligen Bedürfnis- oder Lebens-lage des Benutzers (*Life Event Portale*) passen. Statt nach Behördenzuständigkeiten baut sich das Angebot dann beispielsweise nach *Auto, Bauen, Geburt, Umzug* etc. auf und über-brückt beim Zugriff organisatorische Grenzen, wo die gewachsene institutionelle Arbeitstei-lung nicht der ganzheitlichen Lebenslage des Benutzers entspricht (REINERMANN 2000, S. 20). Umfassende Lebenslagenportale lassen sich allerdings nur durch einen hohen Integra-tionsgrad von öffentlichen und privaten Dienstleistungen verwirklichen. Betrachtet man die Lebenslage *Umzug* vollständig, so kommen neben der Ummeldung im Einwohnermeldeamt noch die Abmeldung von Wasser, Strom und Gas bei den Stadtwerken, der Nachsendeauftrag bei der Deutschen Post AG, Adressenänderungen bei Stadtsparkasse und Versicherungen etc. hinzu (REICHARD/SCHUPPAN 2001, S. 7).

Ein Portal kann also mit einem Stadttor verglichen werden, das direkten Zugang zu öffentlichen und privaten Dienstleistungen, aber auch zu Bereichen der Kultur, Bildung oder Gesundheit verschafft (VON LUCKE 2000b, S. 8). Da die Integration von öffentlichen, privaten oder kulturellen Inhalten einen hohen Koordinationsaufwand bedeuten, verwundert es nicht, das im Zusammenhang mit Portalen nach geeigneten Kooperationsformen gesucht wird. Leistungstiefenbetrachtungen und insbesondere Public Private Partnerships geraten dabei wieder in die Diskussion, zum Beispiel indem für den Portalaufbau und Betrieb ein privater Betreiber gesucht oder eine Betriebs-GmbH mit öffentlichen und privaten Trägern gegründet wird. Die Betreibergesellschaft wird in solchen Modellen vertraglich zur Bereitstellung von Leistungen verpflichtet (z.B. Hosting, Content Management, Sicherheit, Integration weiterer Angebote etc.), während die Verwaltung lediglich die Gewährleistung der E-Government-Services verantwortet. Für den öffentlichen Partner ist wesentlich, dass er nur *einen* Contractor - nämlich den Betreiber – als Partner hat, was ihm in erheblicher Weise Koordinations- und Kontrollaufwand erspart (DRÖMANN/PAULSEN 2001, S. 54). Zusätzlich lassen sich für die Verwaltung Installations- und Betriebskosten reduzieren. So werden in Bremen die Kosten für das Serviceportal (www.bremer-online-services.de) zwischen dem öffentlichen und privaten Trägern der *bos GmbH* geteilt, während in Berlin die Vermarktungsrechte an der Domain *www.berlin.de* der privaten *berlin new media GmbH* übertragen wurden, die im Gegenzug vollständig für Aufbau und Betrieb des Portals aufkommt.

Auch auf einem privat betriebenen Portal können Behördenmitarbeiter über gesicherte Zugänge eigene Inhalte dezentral einstellen. Zusätzlich lässt sich die gleiche technische Plattform nutzen, um ein verwaltungsinternes Portal (*Intranet*) für Interaktionen der Behördenmitarbeiter untereinander aufzubauen. Ein Intranet kann die Spitze der internen Systemarchitektur bilden, über das neben Kommunikationsbeziehungen auch Arbeitsverfahren verknüpft werden können (REINERMANN 2000, S. 19). Die Verbindung zwischen behördeninternen Systemen und der Internetplattform ermöglicht ein *Extranet*, über das in gesicherter Form Transaktionen zwischen Verwaltung und Bürgern bzw. Unternehmen (G2C, G2B) sowie der Arbeitsfluss und Datentransfer zwischen Behörden (G2G) erfolgen kann (siehe Abbildung 2). Das Projekt *Stadt Köln Online* etwa befindet sich in der Umsetzungsphase der Zusammenführung von Intranet und Internet auf einem integrierten Portal mit einheitlicher Benutzer- und Redaktionsstruktur. Zusätzlich wird den Kölner Unternehmen ein integrierter Bereich für städtisches E-Commerce eingerichtet (LANDSBERG 2000, S. 155-156).

Portale können durch die Verknüpfung von Internet – Extranet – Intranet über vielfältige Kommunikationskanäle erreichbar sein. Neben dem direkten elektronischen Kanal (Internet, interaktives Fernsehen, Terminals bzw. Kioske) können sprachtelefonische Kanäle (Anrufe in Call Centern, die wiederum direkten elektronischen Zugriff auf das Portal haben) oder persönliche Kanäle (Besuch beim Kundenberater, der ebenfalls über elektronischen Portalzugriff verfügt) eröffnet werden (VON LUCKE 2000b, S. 8-9). Die Funktionsweise eines komplexen Portals illustriert die folgende Abbildung:

Abbildung 2: Verbindung von Intranet, Extranet und Internet auf einem E-Government-Portal

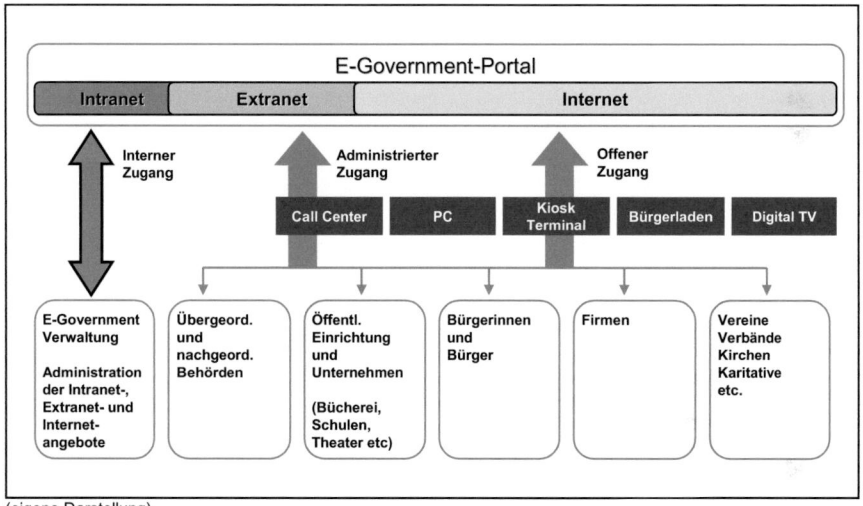

(eigene Darstellung)

3.2.4   Datenschutz und Datensicherheit

Datenschutz und Datensicherheit sind seit den frühen 1980er Jahren ein sensibles Feld in Deutschland. Vor 20 Jahren wurde dieser Gegenstand in erster Linie aus Sorge vor umfassender staatlicher Überwachung ein wichtiges gesellschaftliches Thema. Heute jedoch geht nicht nur um den Schutz persönlicher Daten vor Staat und Verwaltung, sondern auch um die Abwehr des Datenmissbrauchs durch kriminelle Dritte.

Da die Verwaltung häufig „sensible" personenbezogene Informationen erfasst und verarbeitet, werden Datenschutz und Datensicherheit zu einem kritischen Erfolgsfaktor für die Akzeptanz von E-Government-Angeboten. Denn nach der Studie von TNS EMNID fühlen sich bisher lediglich 14% der Deutschen beim Besuch der virtuellen Behörden sicher, während es in Dänemark oder Finnland über 30% sind (TNS EMNID 2001, S. 25).

Trotz einer Trennung interner Netzwerke (Intranet) von öffentlichen Bereichen (Internet) entstehen durch umfangreiche Vernetzung von Systemen und Harmonisierung von Datenbanken Einfallstore für Datenmissbrauch. Zusätzlich wird bei neuen Online-Transaktionen nicht nur die sichere Datenarchivierung und -übertragung, sondern auch die Identität der Transaktionspartner und die Echtheit der Dokumente zu einem wichtigen Aspekt.

Der Schutz von Personendaten in vernetzten Verwaltungsdatenbanken ist ein komplexes technisches Thema, für das besonders seit der Ausbreitung des E-Commerce unterschiedliche Lösungsangebote entwickelt wurden. Je nach Art, Standort und Verwendung der Systemanlagen (Inhouse-Betrieb, Web-Hosting, Application-Gateway etc.) existieren differenzierte Sicherheitsmaßnahmen mit entsprechenden Vor- und Nachteilen, die an dieser Stelle nicht vertieft werden können. Einen umfassenden Ratgeber speziell für Behörden hat das Bundesamt für Sicherheit in der Informationstechnik (BSI) auf seinen Internetseiten publiziert (BSI 2001c).

Darüber hinaus muss eine Sicherheitsinfrastruktur zur Abwicklung rechtskräftiger elektronischer Geschäftsvorfälle Folgendes leisten (im Folgenden: FISCHALECK 2000, S. 80):

1. *Authentizität:* Bei Absender und Empfänger muss sichergestellt sein, dass es sich über die Dauer der Kommunikation um genau diejenigen handelt, für die sie sich ausgeben.

2. *Vertraulichkeit:* Niemand außer Bürger und Amt sollen den Inhalt der Nachricht lesen können. Für Dritte soll nicht einmal erkennbar sein, dass Kommunikation stattgefunden hat.

3. *Integrität:* Daten müssen auf dem gesamten Übertragungsweg vor Manipulationen geschützt sein.

4. *Verbindlichkeit:* Nach erfolgter Transaktion darf weder Absender noch Empfänger den Geschäftsvorfall abstreiten können.

Diese Sicherheitsanforderungen sollen durch die moderne *Kryptografie* erfüllt werden, damit Dokumente einerseits vertraulich übertragen werden können und andererseits durch *digitale Signaturen* ein Pendant zur handschriftlichen Unterschrift eingesetzt werden kann. Kryptografischer Standard ist momentan ein *asymmetrisches Verschlüsselungsverfahren*, bei dem ein zusammengehöriges Schlüsselpaar verwendet wird, das aus zwei unterschiedlichen Schlüsseln besteht. Der Absender verschlüsselt die Sendung mit seinem privaten Schüssel (*Private Key*), über den nur er selbst verfügt, während der Empfänger die Nachricht über den zugehörigen öffentlichen Schüssel (*Public Key*) dechiffrieren kann, der frei verfügbar ist und etwa von einer Zulassungsstelle bezogen werden kann. Der Empfänger weiß dann, dass die Nachricht nur von der Person stammen kann, die im Besitz des *Private Key* ist. Umgekehrt kann aber auch ein Absender mit dem öffentlichen Schlüssel des Empfängers eine Nachricht chiffrieren, die dann nur vom Inhaber des entsprechenden Privatschlüssels gelesen werden kann (HENDRIX 2000, S. 54). Im Gegensatz zu symmetrischen Verfahren, bei denen mehrere identische Schlüssel verwendet werden, lassen sich Absender und Empfänger bei der asymmetrischen Methode separat identifizieren.

Das mathematische Verfahren dahinter wurde 1977 am *Massachusetts Institute of Technology* von den Mathematikern RONALD RIVEST, ADI SHAMIR und LEONARD ADLEMAN und heißt daher *RSA-Verfahren* (alle Informationen zum mathematischen Verfahren aus: SINGH 1998, S. 122f). Es beruht auf der Multiplikation zweier Primzahlen. Wenn das Produkt hinreichend groß ist – im Augenblick 1024 Bit (FISCHALEK 2001, S. 80) – ist es praktisch unmöglich, die beiden Primfaktoren zu errechnen, aus denen es sich zusammensetzt. Die beiden Primfaktoren bilden den Privatschlüssel, während das Produkt den öffentlichen Schlüssel darstellt. Wichtig ist, dass der private Schlüssel bzw. die Primfaktoren im Besitz der berechtigten Person verbleiben. Daher dürfen die Primfaktoren, seien sie auch noch so hoch, keinesfalls an einen Empfänger verschickt werden, der dann die Multiplikation und den Vergleich mit dem öffentlichen Schlüssel vornimmt. Daher verfährt man bei der reinen Verschlüsselung so, dass Nachrichten immer mit dem öffentlichen Schlüssel des Empfängers chiffriert werden, der sie dann mit seinem Privatschlüssel öffnen kann. Was aber, wenn man eine Nachricht nicht nur verschlüsselt empfangen, sondern auch für die Identität des Empfängers und die Echtheit des Dokuments eine Bestätigung möchte?

Während Ver- und Entschlüsselung lediglich der Authentizität und Vertraulichkeit dienen, gewährleisten *digitale Signaturen* darüber hinaus Integrität und Verbindlichkeit. Das macht folgendes Beispiel deutlich, bei dem Alice ein elektronisch signiertes Dokument an Bob schicken möchte (im Folgenden: BSI 2000b, S. 13f):

1. Alice berechnet mittels einer geeigneten Software den *Hashwert* des Dokuments (einen mathematischen Wert, der sich eindeutig aus der Komprimierung des Dokuments ergibt und nicht durch ein anderes erzeugt werden kann, auch wenn es nur geringste Änderungen enthält).

2. Alice verschlüsselt diesen Hashwert mit ihrem privaten Schlüssel. Das Ergebnis ist die digitale Signatur von Alice zu diesem Dokument.

3. Alice sendet das Dokument gemeinsam mit der digitalen Signatur an Bob. Zusätzlich überträgt sie ein *Signaturschlüsselzertifikat*, das ihren öffentlichen Schlüssel mit der Bestätigung einer Prüfstelle enthält. Bob weiß damit, dass der öffentliche Schlüssel tatsächlich Alice gehört.

4. Bob ermittelt selbst den Hashwert des empfangenen Dokuments.

5. Mithilfe des öffentlichen Schlüssels von Alice entschlüsselt Bob die digitale Signatur. Er kann nun den Hashwert lesen, den Alice ihm geschickt hat.

6. Bob vergleicht nun den in Schritt 4 ermittelten Hashwert mit dem entschlüsselten von Alice. Sind beide Werte identisch, so ist die digitale Signatur verifiziert. Wenn Bob weiß, dass tatsächlich nur Alice über ihren privaten Schlüssel verfügt, kann er sicher sein, dass die digitale Signatur von Alice erzeugt wurde, dass also sie das Dokument „unterzeichnet" hat. Zusätzlich ist sicher gestellt, dass die empfangene Datei identisch mit derjenigen ist, für die Alice die digitale Signatur erstellt hat.

Die Verschlüsselung und die digitale Signatur sind also zwei unterschiedliche und voneinander losgelöste Vorgänge. Signierte Dokumente sind nicht vertraulich und ähneln einer unterschriebenen Postkarte. Erst durch die zusätzliche Verschlüsselung wird die höchste Sicherheitsstufe erreicht, womit jedoch auch der Aufwand steigt.

Weiterhin muss sichergestellt werden, dass der private und der öffentliche Schlüssel tatsächlich zu der Person gehören, für die sie sich bei einer Transaktion ausgibt. Diese Überprüfung gewährleisten staatlich zugelassene Zertifizierungsstellen, so genannte *Trust Center*. Trust Center erzeugen die Schlüsselpaare und vergeben sie an natürliche Personen, die sich vorher mit einem Ausweis identifizieren müssen. Für jedes Schlüsselpaar wird ein eindeutiges, personenbezogenes Zertifikat (*Signaturschlüsselzertifikat*) erstellt, das von jedermann online überprüft werden kann. Im Beispiel müsste Alice von einem Trust Center anhand ihres Ausweises identifiziert und registriert werden, um ein Schlüsselpaar zu erhalten. Bob hingegen kann beim Trust Center online feststellen, ob das empfangene Signaturschlüsselzertifikat mit dem öffentlichen Schlüssel tatsächlich zu Alice gehört. Er kann sich den öffentlichen Schlüssel von Alice oder von anderen Personen aber auch direkt im Trust Center beschaffen (BSI 2001c, S. 15).

Trust Center können privat betrieben werden, nachdem ihre Zulassung von der *Regulierungsbehörde für Telekommunikation und Post* (RegTP) genehmigt wurde. Heute werden Zertifizierungsstellen bereits von der Deutschen Telekom (*Telesec*), der Deutschen Post AG (*Signtrust*), der Bundesdruckerei (*D-Trust*) sowie von der Bundesnotarkammer oder der Steuerberaterkammer betrieben. Eine aktuelle Übersicht hat die RegTP auf ihren Internetseiten veröffentlicht.[9]

Aus Gründen der Sicherheit und Anwendbarkeit geht man gegenwärtig dazu über, das Schlüsselpaar und das kryptografische Programm zur Signaturerzeugung auf einer Chipkarte (*Smartcard*) abzulegen, die am PC mithilfe eines Lesegerätes verwendet werden kann.

---

[9] www.regtp.de/tech_reg_tele/start/in_06-02-04-00-00_m/index.html#akkreditiert (22.11.2001)

Mithilfe von PIN, Bild und Unterschrift des Inhabers kann diese Karte vor Missbrauch geschützt werden. Durch den Städtewettbewerb Media@Komm hat die Verbreitung solcher
Smartcards, zum Beispiel in Verbindung mit EC-Karten von Banken und Sparkassen, bereits
begonnen (FISCHALEK 2000, S. 81). In der Stadt Köln wird an einer multifunktionalen Chipkarte (*KölnCard*) gearbeitet, die als ungebundene *WhiteCard* für Touristen und Studenten mit
Werbeaufdruck oder als kombinierte Karte in Zusammenarbeit mit Kreditinstituten, Versicherungen oder Verkehrsverbunden ausgegeben werden soll (LANDSBERG 2000, S. 162). Für be-
hördeninterne Vorgänge erprobt das Bundesverwaltungsamt die digitale Signatur im Zusammenhang mit der Workflow-Software *Favorit* (HENSEN 2000, S. 126).

Das Zusammenspiel von Verschlüsselung, digitaler Signatur, Trust Center und Smart Cards
bildet eine *Sicherheitsinfrastruktur*, die augenblicklich als *Public Key Infrastructure* (PKI) bezeichnet wird. Erste rechtliche Voraussetzungen dazu wurden bereits mit dem Signaturgesetz (SigG) vom 1. August 1997 und der dazu ergangenen Signaturverordnung (SigVO)
geschaffen (HENSEN, 2000, S. 116f). Doch erst seit der Novellierung vom 1. Mai 2001, die
einer Richtlinie der Europäischen Union vom 13. Dezember 1999 folgt, haben digitale Signaturen die gleiche Rechtswirkung wie handschriftliche Unterschriften. Gesetzliche Anpassungen im Zivil- und im öffentlichen Recht sollen folgen (SCHILY 2001b, S.16).

3.3   Potenziale und Probleme von E-Government

Bevor nun die im Diskurs stehenden Potenziale und Probleme gegenübergestellt werden,
soll Tabelle 4 eine zusammenfassende Übersicht geben, in der E-Government ebenso betrachtet wird, wie die Modernisierungswellen der öffentlichen Verwaltung in Kapitel 2.2.4.

Tabelle 4: E-Government als Phase der Verwaltungsmodernisierung

	E-Government
Reformimpuls / Problemdruck	- Produktivitätsdefizite durch Medienbrüche und Insellösungen - Anforderungen von Bürgern und Unternehmen - Standortwettbewerb / ungünstige Position im Vergleich mit anderen Staaten
Modernisierungs- leitbild	- Aktivierender Staat - E-Government
Fiskalpolitische Rahmen- bedingungen	- Kritische Budgetsituation erfordert Produktivitätssteigerungen durch IuK-Einsatz - Große Investitionen notwendig
Modernisierungs- diskurs	- Intensiver von Verwaltungsinformatikern und -wissenschaftlern, von Verwaltungspraktikern und E-Business-Beratern dominierter Diskurs um elektronische Geschäftsprozesse - partizipatorische Ansätze vor allem durch Politiker und Politikwissenschaftler
Verwaltungskultur und Verwaltungs- tradition	- Traditionelles Verwaltungsmodell wirkt nach wie vor; teilweise von NSM-Erfahrungen beeinflusst - Zunahme computerisierter Arbeitsplatze und vernetzter Interaktion - Zunehmende Projektarbeit und Zusammenarbeit mit externen Partnern
Modernisierungs- praxis	- Zunehmend virtuelle Kontakte mit zwischen Behörden und Bürgern - Hauptsächlich Informationsportale, kaum Transaktionsmöglichkeiten - Wachsende Integration von IuK-Technik in Geschäftsprozesse - Strategische Vorbereitung umfassender Großprojekte in Städten, Ländern und im Bund - Anpassung der Gesetze für elektronische Transaktionen - Insbes. bei Kommunen: Betreibermodelle in Public Private Partnership
Durchsetzung	- Zunächst Bottom-up, inzwischen jedoch mit starker Beteiligung und Förderung durch Länder und Bund
Informations- und Kommunikations- technik	- Wichtigster Produktionsfaktor neben dem Menschen - Wichtigstes Mittel der Verwaltungsmodernisierung - Integration von Geschäftsprozessen mit IuK-Technik

(Eigene Darstellung)

Es kann geschlossen werden, dass sich durch die zahlreichen Initiativen und Programme von Bund, Ländern und Kommunen tatsächlich eine *Veränderung* des öffentlichen Sektors abzeichnet, die aus gleichartigen Impulsen entstand, einem gemeinsamen Diskurs folgte und schließlich zu sehr ähnlichen Umsetzungshandlungen führte. Wenn auch bisherige Reformprojekte weiterwirken (z.B. NSM, Aufgabenkritik, Agency-Bildung etc.), so scheint E-Government aktuell im Zentrum von Diskussion und Praxis der Verwaltungsmodernisierung zu stehen.

Potenziale und Probleme lassen sich nur relativ darstellen. Entsprechend der Katalysator- bzw. Machtverstärker-These erscheint der Hintergrund der Diskussionsteilnehmer von Bedeutung, was als chancenreich oder problematisch eingeschätzt wird. Die folgende Darstellung liefert daher eine breit angelegte Zusammenfassung der wesentlichen Aspekte, wie sie in der Literatur zur Zeit zu finden sind. Im anschließenden Teil II wird eine Auswahl davon in einem konkreten Fall nachvollzogen. Im Schlusskapitel kann dann differenzierter diskutiert werden, welche Anforderungen an die Umsetzung von E-Government im Bezug auf die Fallstudie zu stellen sind, um Potenziale zu erreichen und Hürden zu überwinden und wie realistisch dies erwartet werden kann.

3.3.1 Erwartungen und Modernisierungspotenziale

Kundenorientierung und Bürgermitwirkung

- Wesentliche Modernisierungspotenziale werden für die Qualität öffentlicher Dienstleistungen für Bürger und Unternehmen erwartet. Behördenwegweiser im Internet zur Orientierung im Behördendschungel, Lebenslagenportale sowie permanente Erreichbarkeit der Behörden von zu Hause aus, vom Arbeitsplatz, von Dienstreisen oder aus dem Urlaub ermöglichen einen benutzerfreundlichen Zugang zu Informationen und Dienstleistungen. Gleichzeitig können Formulare mit Informationen und Hilfen für die Handhabung verbunden werden, so dass Benutzer des Verwaltungsportals eigene Vorleistungen bei Verwaltungsangelegenheiten erbringen können. (REINERMANN 2000, S. 29-33).

- Durch multidimensionale Zugangsmöglichkeiten über den Heim-PC, Terminals, Bürgerämter oder Call Center, deren Mitarbeiter ihrerseits Direktzugriff auf erforderliche Daten und Verfahren haben, kann erreicht werden, dass auch Internet-Unkundigen der volle Service der Verwendung verfügbar ist. Schwierigkeiten, Interaktionspartner dann zu finden, wenn man sie braucht, werden deutlich herabsetzt, (REINERMANN 2000, S. 14)

- In der Verbreitung öffentlicher Internetseiten werden Steigerungsmöglichkeiten der politischen Partizipation erkannt. Vertreter der so genannten *Mobilisierungs-These* argumentieren, dass durch den einfacheren Zugang zu Informationen und komfortable Kommunikationsmöglichkeiten (z.B. auf Bürgerforen, Chat Rooms) die Distanz von Regierenden und Regierten geringer werde und eine wachsende Anzahl von Bürgerinnen und Bürgern an politischen Entscheidungen teilnehmen kann. Damit werde der Weg zur virtuellen Demokratie geebnet (RÖMMELE 2001, S. 158). REINERMANN führt an, dass das Bürgerinteresse an Verwaltungsinformationen (z.B. Haushaltsplänen) schon durch deren Zugänglichkeit steigt (REINERMANN 2000, S. 29). Ebenso könne durch E-Voting die Wahlbeteiligung deutlich zunehmen, da es komfortabler sei, von zu Hause zu wählen und bei Abwesenheit das umständliche Beantragen der Briefwahl entfalle (RADWAN 2001, S. 121-123).

Kostensenkung und Rationalisierung im öffentlichen Sektor

- Die größten und kurzfristig erreichbaren Einsparpotenziale werden in der elektronisch unterstützten Beschaffung (*E-Procurement*) erwartet. In der Privatwirtschaft liegen die jährlichen Kostenersparnisse durch Online-Materialbeschaffung je nach Branche zwischen 25% und 50% des Beschaffungsvolumens (MITCHELL 2000, S. 10). Begründet wird dies mit beschleunigten Prozessen, reduzierter Lagerhaltung und Preisvorteilen durch stärkere Bündelung von Bestellungen und gesteigerten Vergleichsmöglichkeiten (SCHEDLER 2001, S. 48). Bei einem jährlichen Beschaffungsvolumen der öffentlichen Hand von ca. 500 Mrd. DM wird deutlich, weshalb das Bundesministerium für Wirtschaft seinem Projekt *E-Vergabe* überragende volkswirtschaftliche Bedeutung zuweist und im Februar 2002 erste Feldtests startet (MÜLLER 2001, S. 6).

- Durch Telekooperation kann die Wahrnehmung von Verwaltungsaufgaben über die Grenzen des öffentlichen Sektors hinweg erfolgen. Beim Autokauf etwa kann die Registrierung über die Zulassungsstelle hinaus auch beim Händler, beim Versicherer oder bei der finanzierenden Bank stattfinden. Die unverzichtbare Rolle der Verwaltung liegt in der Gewährleistung einer ordnungsgemäßen Aufgabenerfüllung, nicht unbedingt in der Aufgabenerfüllung selbst (REINERMANN 2000, S. 28). Durch integrierte IuK-Technik können demnach *Electronic Production Networks* (SCHEDLER 2001, S. 37) oder *Lastverbünde* (LENK 1999, S. 130) zwischen öffentlichen und privaten Institutionen bzw. zwischen Behörden untereinander aufgebaut werden, um die Leistungstiefe von Verwaltungsorganisationen zu verringern. Teilaufgaben werden dann dort zusammengeführt, wo sie über Skaleneffekte und Spezialisierungsmöglichkeiten effizienter und effektiver erfüllt werden können (SCHEDLER 2001, S. 40).

- Auch in vertikaler Sicht, also zwischen EU, Bund, Ländern, Kommunen sowie dem Dritten Sektor lassen sich durch Telekooperation Verwaltungsvorgänge kürzer, flacher, schneller und produktiver organisieren. (REINERMANN 2000, S. 22).

- Behördenintern können sich durch den Wegfall von Medienbrüchen (z.B. durch Workflow-Systeme) und die Reduzierung von Suchzeiten (z.B. durch Dokumenten- und Wissensmanagement) Rationalisierungsmöglichkeiten ergeben. Der Präsident des Bundesverwaltungsamtes, JÜRGEN HENSEN, beschreibt, dass ein Workflow-Projekt die Bearbeitung von Strafanzeigen und Verkehrsunfällen durch die Polizei zu einer Zeitersparnis von vierzig Minuten pro Fall geführt hat. (HENSEN 2000, S. 124-125). Auch REINERMANN argumentiert, dass im Verwaltungsverfahren erheblich Zeit gespart werden könnte, wenn das bei Mitzeichnungen üblicherweise verwendete Umlaufverfahren durch Sternverfahren ersetzt wird, bei dem zu bearbeitende Unterlagen zentral abgelegt und simultan bearbeitet werden können. Im Bezug auf das Neue Steuerungsmodell können dezentrale Fach- und Ressourcenkompetenzen von Facheinheiten damit besser wahrgenommen werden (REINERMANN 2000, S. 32-33).

Optimierung der Verwaltungsarbeit

- E-Government und NSM wirken durch die Art ihrer Einführung in eine gemeinsame Richtung, weil Projektarbeit zur dauernden Begleitung des operativen Alltagsgeschäfts wird. Neben den materiellen Reformergebnissen prägt die permanente Erfahrung mit Strategieentwicklung, Projektmanagement, Organisationsentwicklung oder Change Management sowie die zunehmende Zusammenarbeit mit Unternehmensberatern eine insbesondere in den 1990er Jahren veränderte Verwaltungskultur (NULLMEIER 2001, S. 262).

- Das Internet reizt zur Selbstorganisation. Niemand hat es angeordnet, aber die meisten wollen teilnehmen und erfüllen die Anschlussvoraussetzungen selbst. Wenn verwaltungsintern die Erreichbarkeit von Informationen und Personen zunimmt, wird die Kommunikation stimuliert und eine verbesserte Harmonisierung und Aktualisierung der Datenbestände angeregt. Es entstehen interne Impulse zur Neugestaltung der Verwaltungsverfahren – und zwar aus Eigeninteresse und nicht durch hierarchische Anweisungen (REINERMANN 2000, S. 58-59).

- Digitale Vorgangsbearbeitung und Gruppenarbeit richten den Blick verstärkt auf horizontale Dimensionen des Verwaltungshandelns. Die Vernetzung organisatorisch bisher getrennter, aber fachlich zusammenhängender Abläufe zu Prozessketten und die Befassung mit den zugehörigen Prozessinhabern, Prozessdauern und Prozesskosten werden zu gewichtigen Themen. Die Ablauforganisation erhält einen höheren Stellenwert, wodurch der Blick auf Schwachstellen in bisherigen Prozessen geschärft wird (REINERMANN 2000, S. 12).

- Auf gleiche Weise können positive Effekte für die Mitarbeiterzufriedenheit entstehen, wenn Wartezeiten und Unterbrechungen im Arbeitslauf vermieden, wenn Routinearbeiten flexibilisiert und ergonomischere Arbeitsplätze gestaltet werden (HENSEN 2000, S. 125)

- Über Internetdienstleistungen entstehen für Behörden verbesserte Möglichkeiten, die Meinungen und Erfahrungen ihrer Adressaten aufzunehmen, als auf herkömmlichem Weg. Benutzergerechte Zugangsmöglichkeiten regen zu höherer Interaktivität an. Zusätzlich lässt sich durch Online-Statusanfragen der Bürger der Bearbeitungsstand ihrer Anliegen leicht einsehen und kommentieren (REINERMANN 2000, S. 36). Die Servicequalität des Verwaltungshandelns kann so durch den Bürger laufend einer prozessbegleitenden Kontrolle unterzogen werden (KLEINDIEK 2001).

- Auch verwaltungsintern kann durch Intranetsysteme höhere Transparenz erreicht werden, wenn Erhebungs- oder Controllingdaten, Berichte und Verwaltungskontrakte zur Zielbeschreibung des Verwaltungshandelns online einsehbar sind. Transparente Informationen darüber, was eine Behörde tun soll, für welche Zielgruppe und mit welchem Erfolg fördert Vergleichsmöglichkeiten und damit den Wettbewerb (REINERMANN 2000, S. 34-35).

3.3.2 Probleme und Barrieren

Akzeptanzprobleme

- Die meisten Bürger haben kaum häufiger als ein bis zweimal im Jahr Kontakt mit Verwaltungsbehörden. Die Bereitschaft zur Beantragung von Signaturkarten und zum Erwerb technischer Komponenten (Lesegerät, Software) ist als äußerst gering einzustufen, wenn der Einsatzbereich auf Verwaltungsdienstleistungen begrenzt bleibt. Zu einer starken Verbreitung können Signaturkarten nur kommen, wenn weitere Anwendungen möglich sind, die einen spürbaren Zusatznutzen bringen (WIND 1999, S. 82). Online-Bankgeschäfte, Reisebuchungen oder E-Commerce sind heute jedoch auch ohne digitale Signaturen möglich, weshalb das Interesse privater Unternehmen an der Mitentwicklung von multifunktionalen Smartcards bisher eher gering blieb.

- Der Verbreitung einer zuverlässigen Sicherheitsinfrastruktur kommt aber zentrale Bedeutung zu. Denn nach den Ergebnisse der Studie von TNS EMNID halten 85% der Bundesbürger das Internet für zu unsicher, um damit behördliche Angelegenheiten zu regeln (TNS EMNID 2001, S. 25). Der Geschäftsführer von TNS EMNID, KLAUS-PETER SCHÖPPNER, argumentiert anhand der Studie, dass „noch einige Zeit vergehen wird, bis die Bundesbürger Online-Dienstleistungen von Behörden selbstverständlicher annehmen und nutzen werden".[10]

- Gesteigerte Online-Mitwirkung von Bürgerinnen und Bürgern an politischen Prozessen und Entscheidungen werden von Vertretern der *Reinforcement-These* in Frage gestellt. Hierbei wird davon ausgegangen, dass das Internet höchstens bestehende Formen politischer Partizipation stärken, aber keineswegs ausweiten wird. Wer bisher nicht an politischen Prozessen teilgenommen hat, werde auch nicht durch Internetangebote mehr Interesse für Staat und Gesellschaft entwickeln. Wahrscheinlicher sei sogar, dass die

---

[10] „Deutsche halten E-Government für unsicher" in: www.golem.de/0111/16742.html (20.11.2001)

Kluft zwischen Partizipierenden und Nichtpartizipierenden weiter wachse, weil bestehende Ungleichheiten forciert werden (RÖMMELE 2001, S. 158).

• Die Sicherstellung der Geheimhaltung der Daten bei Online-Wahlen stellt ein Schlüsselproblem dar. Die geheime Stimmabgabe, also die Freiheit von externer Beeinflussung im Moment des Wahlaktes ist ein wesentliches Kriterium der demokratischen Wahl. Gleiches gilt für die höchstpersönliche Stimmabgabe. Beides kann bei der Wahl vom heimischen Computer aus trotz digitaler Signaturen nicht einwandfrei gewährleistet werden. Der Vergleich mit der Briefwahl ist nur bedingt zulässig, da dort ähnliche Probleme bestehen, weshalb sie lediglich eine Ausnahmeregelung und kein Massenangebot darstellt (SUSSMANN 2001, S.129-130).

• Verwaltungsintern können Widerstände bestehen, evaluierte Informationen über die Leistungsfähigkeit einer Behörde im Internet transparent zu machen und sich darüber zu rechtfertigen (REINERMANN 2000, S. 35). Entsprechendes Verhalten sind seit der Einführung kommunaler Leistungsvergleiche und des Benchmarking bekannt (WEGRICH 2000, S. 2). Weiterhin kann die Zunahme von Projektarbeit, Workshops, Bearbeitung externer Gutachten und Schulungen in kurzer Abfolge mit variierenden Themen zu Überlastung der Verwaltungsmitarbeiter führen und die Ergebnisse dieser Verfahren entwerten (NULLMEIER 2001, S. 262). Auch die PwC-Umfrage macht deutlich, dass 31% der befragten Städte mit Widerständen der Mitarbeiter rechnen, insbesondere wenn durch Rationalisierungseffekte Angst vor Stellenabbau entsteht oder gewohnte Arbeitsabläufe reorganisiert werden sollen (PWC DEUTSCHE REVISION 2000, S. 19). Der stellvertretende Vorsitzende des Deutschen Beamtenbundes, PETER HEESEN, warnte bereits vor Stellenabbau. Die Online-Antragstellung sei für den Bürger nutzlos, wenn durch Personalmangel die Bearbeitung erlahmt.[11]

Koordination und Harmonisierung

• Auch wenn übergreifende Integration von Datenbeständen und eine Reorganisation der Verwaltungsabläufe erklärtes Ziel von E-Government-Projekten ist, scheitert dies häufig an der bürokratischen Arbeitsteilung und abgegrenzten Zuständigkeiten. Organisationsgrenzen werden häufig zu Technikgrenzen, weshalb die Potenziale der Technik eher bisherigen Verwaltungsstrukturen und -prozessen angepasst werden, als diese neu zu gestalten (KILLIAN 1999, S. 62-63). In unabgestimmten Schnittstellen zwischen verschiedenen Prozessen und immer wieder auftretenden Medienbrüchen liegen die

---

[11] „Beamtenbund sieht E-Government als Revolution und Risiko", in: www.golem.de /0105/14136.html (20.11.2001)

größten Hindernisse einer umfassenden Umsetzung von Electronic Government (REI-
NERMANN/VON LUCKE 2000, S. 5).

- Das Verbundpotential, das mit den informationstechnischen Möglichkeiten einhergeht,
trifft auf einen öffentlichen Sektor, der zahlreiche Bruchlinien und Risse aufweist. Brü-
che und Risse innerhalb des öffentlichen Sektors sind aber zu einem bedeutendem
Teil bewusst angelegt und normativ abgesichert, zum Beispiel durch die Dreiteilung der
Staatsgewalt, das Prinzip der kommunalen Selbstverwaltung oder das Grundrecht auf
informationelle Selbstbestimmung. Bevor übergreifende Harmonisierungen von Prozessketten erfolgen können, sind Neubestimmungen herkömmlicher Trennlinien nötig
(REINERMANN 2000, S. 23-24).

- Die hierarchische Struktur der deutschen Verwaltung erschwert koordinierte Innovati-
onsprojekte, insbesondere wenn mehrere Ebenen beteiligt sind. In mehrstufigen hierarchischen Abstimmungsprozessen sinkt das Reformpotential innovativer Ideen, wenn
auf jeder Stufe die Entscheidungsgremien wachsen und Bedenkenträger das Ergebnis
verlangsamen und auf den kleinsten gemeinsamen Nenner drücken (REINERMANN
2000, S. 55-56).

- Die Verbreitung und Anwendungsreife von IuK-Technik in deutschen Behörden ist sehr
unterschiedlich ausgeprägt. Medienbrüche und mangelnde Interaktivität können aber
nicht vermieden werden, wenn keine flächendeckende Grundausstattung vorhanden
ist. Nach einer Untersuchung des Beratungsunternehmens *KPMG* im Jahr 2001 unter
409 Bundes-, Landes- und Kommunalverwaltungen haben lediglich in einem Drittel der
Behörden sämtliche Mitarbeiter Zugang zum Internet (KPMG 2001, S.5). Analog ergab
die PwC-Studie, dass unter 69% der befragten Städte lediglich 25% der Mitarbeiter ü-
ber einen E-Mail-Anschluss verfügen (PwC DEUTSCHE REVISION 2000, S. 14).

- Darüber hinaus mangelt es häufig an organisatorischen Verfahren, wie elektronische
Post registriert, weitergeleitet und archiviert werden soll. Besonders hindernd ist die
Sorge von Führungskräften, der E-Mail-Verkehr könne den etablierten Dienstweg in
Frage stellen. Aus diesem Grund ist schon das Telefonverzeichnis vieler Behörden ein
Dienstgeheimnis und kann daher auf den Inter- und Intranetseiten nicht gefunden wer-
den (WIND 1999, S. 85-85).

- Ähnlich verhält es sich mit der behördenübergreifenden Vernetzung und Harmonisierung. Eine Studie von der Beratungsgesellschaft *Mummert und Partner* ergab, dass
zwar 80% der Kommunen eine Änderung ihrer EDV-Strategie planen, doch eine Abstimmung der Gemeinden untereinander fand bisher nicht statt: "Für die gleichen Prozesse gibt es die unterschiedlichsten Lösungen". Schon jetzt herrsche ein elektronischer Wildwuchs in den Datensystemen. Wenn darauf nun grundverschiedene E-Gov-

ernment-Anwendungen aufgebaut werden, ist eine spätere Vernetzung der Verwaltungsportale fast unmöglich, erwart JOCHEN BAIER von Mummert und Partner.[12]

- Auch die KPMG-Studie belegt, dass E-Government-Pilotprojekte in den befragten Behörden verglichen mit dem Vorjahr um ca. 80% zugenommen haben. Die Mehrheit erkennt Modernisierungspotenziale insbesondere in der Optimierung der Geschäftsprozesse und der verstärkten Bürgerorientierung. Die Koordination der E-Government-Aktivitäten liegt jedoch zumeist bei den EDV-Referaten (39%). Nur bei 10% der befragten Behörden nimmt sich die Behördenleitung der E-Government-Modernisierung an. Zuständige Referate für Verwaltungsmodernisierung sind nur zu 8% beteiligt (KPMG 2001, S. 11). Da die Befragten jedoch selbst die Einführungskosten sowie Personalmangel für problematischer einschätzen als die technische Umsetzung, ist es fraglich, ob die EDV-Zuständigen über notwendige Durchsetzungs- und Koordinationsfähigkeiten verfügen, um die Probleme tatsächlich zu bewältigen.

- So verwundert es nicht, dass lediglich 12% der befragten Städte in der PwC-Studie angaben, bereits eine ausformulierte E-Government-Strategie zu besitzen. Ohne eine übergreifende Strategie, die über den Horizont der EDV-Referate hinaus geht, besteht die Gefahr, dass es zum Produktivitätsparadoxon kommt und Investitionen in technische Infrastruktur und Personal verpuffen (PwC DEUTSCHE REVISION 2000, S. 12). Eine E-Strategie ist insbesondere von Bedeutung, wenn im Rahmen des NSM die Dezentralisierung und Verselbstständigung von Fachbereichen betrieben wird (WEGRICH 2000, S. 2). Entsprechend einer Gesamtsteuerung beim NSM muss ein Rahmenkonzept bei E-Government allgemeine Vorgaben machen, um Insellösungen und Doppelarbeit in verselbständigten Teilbereichen zu vermeiden.

Finanzierung

- Die erwarteten Investitionskosten zur Einführung von E-Government werden vom Deutschen Institut für Urbanistik bis 2005 für alle Gemeinden auf 12 Mrd. DM geschätzt (JANSEN/PRIDDAT 2001, S. 24). Allein die Teilnehmer des Media@Komm-Wettbewerbs rechnen für ihre Pilotprojekte mit Investitionsvolumina von 32,7 Mio. DM in Esslingen bis 87,5 Mio. DM in Köln (PAULSEN 2001, S. 154). Gleichzeitig wird in der Studie von *PricewaterhouseCoopers* aber mangelnder finanzieller Spielraum im Stadthaushalt von 77% der Befragten als größtes Umsetzungsproblem angesehen. Dabei werden Möglichkeiten, über E-Government neue Einnahmen (Gebühren, Werbebanner, etc.) zu generieren oder Einsparungen zu realisieren zunächst als sehr gering eingeschätzt.

---

[12] „Insellösungen bei eGovernment kosten Milliarden", in: www.golem.de/ 104/13500.html (20.11.2001)

Dennoch verfügen 67% der befragten Städte über keine Finanzierungsstrategie (PwC DEUTSCHE REVISION 2000, S. 15).

- Weiterhin argumentiert WIND, dass sich die enormen Investitionen für Online-Angebote höchstens auf lange Sicht rechnen werden (WIND 1999, S. 84). Die genaue Kalkulation von Kosten und Nutzen bezogen auf Leistungsziele und zu erstellende Produkte kann bei der Planung von großen E-Government-Projekten jedoch kaum erfolgen. Nicht absehbare kostentreibende Schwierigkeiten und vielfältige Effekte auf Arbeitsorganisation und administrative Produkte begründen diese Unkalkulierbarkeit. Damit stehen E-Government und Ökonomisierung nach dem NSM in einem Gegensatz, denn bei den E-Government-Investitionen wird weniger auf Output und politische Wirkungen geschaut, als auf neu hinzutretende Ausgaben (NULLMEIER 2001, S. 263).

Personal

- Behörden haben Probleme, eigene Fachkräfte für die anstehenden Aufgaben in der Informationstechnologie zu bekommen. Die erhebliche Gehaltsdifferenz zur Wirtschaft lässt sich kaum ausgleichen, weshalb Spitzenkräfte für die Verwaltung in diesem Bereich kaum zu finden sein werden (JANSEN/PRIDDAT 2001, S. 24).

- Daneben ergab die PwC-Studie, dass auch soziale Kompetenz für die wachsende Kommunikationsdichte und Methodenkompetenz (z.B. Projektmanagement) an Bedeutung gewinnen. 66% der befragten Städte bewerteten „zu wenig qualifiziertes Personal" als erhebliches Problem von E-Government. Neben Investitionen in technische Infrastrukturen werden parallel auch Aspekte der Personalpolitik und -qualifikation, Weiterbildungsangebote oder variable Vergütungssysteme zu wichtigen Erfolgsfaktoren (PwC DEUTSCHE REVISION 2000, S. 18-19).

Teil II

4. Anlage der Fallstudie

Im ersten Teil dieser Arbeit wurde dargestellt, was generell unter *Veraltungsmodernisierung* und *Electronic Government* zu verstehen ist und wodurch beides im Wesentlichen gekennzeichnet ist. Dabei ist herausgearbeitet worden, wie sich beides in Deutschland entwickelt und verbunden hat und dass E-Government ins Zentrum der aktuellen Verwaltungsreform gedrungen ist. Abschließend wurden die im Diskurs um E-Government auftretenden Modernisierungspotenziale und Probleme gegenübergestellt.

Für die wirkungsvolle Umsetzung von E-Government existiert keine Theorie, welche allgemeingültige Erfolgsprämissen definiert. Anhand einer *Fallstudie* kann jedoch zumindest gezeigt werden, durch welches praktische Vorgehen angestrebt wird, Modernisierungspotenziale auszuschöpfen und welche konkreten Hindernisse sich in dieser Situation ergeben. Darüber hinaus lässt sich nach Kenntnis der Dynamik und Komplexität des Falls einschätzen, mit welcher Wahrscheinlichkeit die Überwindung der Probleme und damit die Realisierung der Modernisierungspotenziale erwartet werden kann.

Die Untersuchung stützt sich dabei auf folgende Definition:

„A case study in an empirical inquiry that:

- investigates a contemporary phenomenon within its real-life context,

- when the boundaries between phenomenon and context are not clearly evident,

- and in which multiple sources of evidence are used."

(Yin 1989, S. 23)

Da im Rahmen dieser Arbeit nur eine Fallstudie durchgeführt wird, können nicht sämtliche dargestellten Modernisierungspotenziale und Probleme Berücksichtigung finden. Da es jedoch vordergründig weniger um die Verallgemeinerung der Aussagen geht, als um die Erfassung und Erklärung von Geschehnissen sowie der Bedingungszusammenhänge bei Modernisierungsprojekten der Verwaltung, kann auch die Untersuchung nur eines Falls zum Erkenntniszuwachs beitragen.

4.1 Auswahl der Fallstudie

Als Gegenstand der Fallstudie wurde die Dienstleistung *BAföG online* ausgewählt, da:

- im vollständigen BAföG-Prozess Verwaltungen unterschiedlicher Ebenen, nämlich kommunale, Landes- und Bundesbehörden, mitwirken,

- die vollständigen Abwicklung von BAföG-Leistungen im Internet daher Prozesse in mehr als einer Behörde betrifft,

- die entsprechende Online-Dienstleistung erst teilweise umgesetzt wurde, weshalb sich Probleme des weiteren Ausbaus aktuell nachvollziehen lassen,

- BAföG eine beratungs- und bearbeitungsintensive Leistung ist, die sowohl vom Antragsteller als von Behörden großen Aufwand erfordert,

- Schüler und Studierende überdurchschnittlich häufig das Internet nutzen (Anhang 1) und sich *BAföG online* daher besonders als E-Government-Projekt eignet.

4.2 Untersuchungsgegenstand und Fragestellungen der Fallstudie

Da durch die Fallstudie *BAföG online* nicht sämtliche Potenziale und Probleme von E-Government erfasst werden, konzentriert sich die Untersuchung im Wesentlichen auf:

- Kundenorientierung und steigende Dienstleistungsqualität durch *BAföG online*

- Optimierung von Verwaltungsprozessen durch *BAföG online*

- Behördenübergreifende Koordination und Kooperation während der Realisierung von *BAföG online*

Zusätzlich wird die Analyse insbesondere der Antragstellung von BAföG-Dienstleistungen auf das Bundesland Brandenburg reduziert. Dabei werden aus Gründen des Umfangs nur BAföG-Leistungen für Schüler und Studierende betrachtet, nicht etwa Meister-BAföG oder Bildungskredite. Der Gesamtkontext, in dem *BAföG online* realisiert wird, soll jedoch dargestellt werden.

Bezogen auf die Gesamtfragestellung dieser Arbeit sollen durch die Fallstudie die folgenden, konkretisierten Fragen beantwortet werden:

1. Welche Modernisierungspotenziale werden durch *BAföG-online*-Projekte angestrebt?

2. Was wird unternommen, um diese Ziele zu erreichen bzw. wie verläuft der Umsetzungsprozess von *BAföG online*?

3. In welchem Maße werden die Modernisierungspotenziale, die mit *BAföG online* verbunden werden, durch die Umsetzung tatsächlich realisiert?

4. Welche Probleme treten bei der Umsetzung von *BAföG online* auf bzw. wodurch wird die Realisierung der Modernisierungspotenziale beeinträchtigt?

4.3 Interpretation der Ergebnisse

Da keine theoretisch abgesicherten Bewertungskriterien von E-Government-Leistungen existieren, orientiert sich die Interpretation daran, in welchem Ausmaß bisherige *BAföG-online*-Angebote die relevanten Modernisierungspotenziale im Diskurs um E-Government erfüllen. Im dritten Teil dieser Arbeit soll darauf aufbauend eingeschätzt werden, wie realistisch eventuelle Umsetzungsprobleme in der weiteren Entwicklung gelöst werden können.

4.4 Methodik und Vorgehensweise

In der Fallstudie soll *BAföG online* in einem umfassenden Kontext betrachtet werden, um den Modernisierungsbeitrag möglichst exakt zu ermitteln. Das bedeutet, dass die Darstellung des Umsetzungsprozesses von *BAföG online* in deutlichen Bezug zu generellen E-Government-Konzeptionen der relevanten Akteure (so weit vorhanden) gestellt wird.

Um Hintergrund und Gesamtkontext zu erfassen wird daher eine Dokumentenanalyse von grauer Literatur (Gesetze, Programme, Strategiepapiere der Akteure) ein Kernbestandteil der Untersuchung sein.

Ergänzt wird diese Analyse durch die Auswertung von Publikationen aus Wissenschaft, Verwaltungspraxis (Beiträge, Broschüren, Internetseiten) sowie von Medienartikeln zum BAföG bzw. der Umsetzung von *BAföG online*.

Informationen zum Umsetzungsprozess und zu Entwicklungsproblemen von *BAföG online* werden durch Experteninterviews gewonnen. Diese Befragungen sollen Einblick in die Realisierungspraxis ermöglichen sowie Umsetzungsschritte und -probleme aus Sicht der Akteure verdeutlichen. Zusätzlich dienen sie der Beschaffung der grauen Literatur. Alle Fragebögen sind im Anhang aufgeführt. Aus Platzgründen konnten die Interviewprotokolle nicht eingefügt werden. Sie liegen jedoch vor und können jederzeit vorgelegt werden.

Folgende Befragungen fließen in die Analyse ein:

- Interview mit ULRICH ZUBER, Leiter der Projektgruppe Informationsmanagement des Bundesverwaltungsamtes (BVA), Köln, am 30. Oktober 2001 sowie telefonisch am 12.12.2001

- Interview mit ARMIN HOLZ, Leiter des Referats 11 (Organisation, Informationstechnik, Führungsinformationssysteme, Innerer Dienst) des Ministeriums für Wissenschaft, Forschung und Kultur (MWFK) des Landes Brandenburg, Potsdam, am 16. November 2001

- Interview mit HELMUT LUDWIG, Referent im Referat 24 (Ausbildungsförderung) des MWFK Brandenburg, Potsdam, 20. November 2001 und 12. Dezember 2001

- Interview mit FRAU SKALEY, Leitstelle BAföG im Landesbetrieb für Datenverarbeitung und Statistik (LDS) des Landes Brandenburg, Potsdam, 13. Dezember 2001

- Interview mit HERRN DUCKERSCHEIN, Leiter des Amtes für Ausbildungsförderung des Studentenwerks Potsdam, am 13. Dezember 2001

- E-Mail-Befragung von FRANK TÖNNISSEN, Referent im Referat für Öffentlichkeitsarbeit im Bundesministerium für Bildung und Forschung, 4. Dezember 2001

- E-Mail-Befragung von UWE PFEIFER, Projektleiter in der Datenzentrale Baden-Württemberg, 10. Dezember 2001

- Telefoninterview mit JAN-OLE PÜSCHEL, Mitarbeiter des Hans-Bredow-Instituts für Medienforschung an der Universität Hamburg, 10. Dezember 2001

Die Darstellung der Fallstudie soll in vier Schritten erfolgen:

1. Schritt: Ausgangspunkt der Falldarstellung werden zunächst Hintergrundinformationen und Zahlen zum BAföG in Deutschland sein (Kapitel 5.1).

2. Schritt: Anschließend wird der aktuelle BAföG-Prozess in Brandenburg von der Antragstellung bis zur Rückzahlung nachvollzogen. Bereits existierende Online-Angebote bleiben aus methodischen Gründen zunächst unberücksichtigt (Kapitel 5.2).

3. Schritt: Darauf wird dargestellt, was unter *BAföG online* aktuell zu verstehen ist, wie und warum es entstand, wie es umgesetzt wurde und welchen Modernisierungsbeitrag es in seinem Kontext leistet (Kapitel 5.3).

4. Schritt: Es wird nachvollzogen, was zur Umsetzung von *BAföG online* im Bezug auf E-Government noch fehlt. Darauf wird dargestellt, welche weiteren Umsetzungsschritte, insbesondere im Zusammenhang mit den Modernisierungsstrategien der relevanten Akteure, angekündigt sind und welche Hindernisse dabei sich in den Weg stellen bzw. zu erwarten sind (Kapitel 5.4).

In Teil III werden abschließend Potenziale von *BAföG online* im Bezug auf den generellen Diskurs um E-Government interpretiert und die Überwindungsmöglichkeiten der Hindernisse realistisch eingeschätzt. Schließlich können im Bezug auf *BAföG online* Schlussfolgerungen für die erfolgreiche Realisierung von E-Government-Projekten gezogen werden.

5. Fallstudie: *BAföG online*

5.1 BAföG in Deutschland: Fakten und Zahlen

„Auf individuelle Ausbildungsförderung besteht für eine der Neigung, Eignung und Leistung entsprechende Ausbildung ein Rechtsanspruch nach Maßgabe dieses Gesetzes, wenn dem Auszubildenden die für seinen Lebensunterhalt und seine Ausbildung erforderlichen Mittel nicht zur Verfügung stehen."[13]

(§ 1 BAföG)

Das Bundesausbildungsförderungsgesetz (BAföG) trat am 1. September 1971 in Kraft und löste das seit 1957 existierende *Honnefer Modell* ab, nach dem Studierende Ausbildungsförderung aufgrund von Richtlinien erteilt wurde. Neu beim BAföG war vor allem, dass es von nun an einen einklagbaren Rechtsanspruch auf Ausbildungsförderung für Studierende und Schüler gab (DSW 2001a).

Das Bundesausbildungsförderungsgesetzes hat ein sozialpolitisches und ein bildungspolitisches Ziel. Nach dem sozialpolitischen Ziel soll jedem jungen Menschen die Möglichkeit gegeben werden, unabhängig von seiner sozialen und wirtschaftlichen Situation eine qualifizierte Ausbildung zu absolvieren, die seinen Fähigkeiten und Interessen entspricht und nicht an fehlenden finanziellen Mitteln des Auszubildenden, seiner Eltern oder seines Ehegatten scheitern darf (BMBF 2001, S. 6). Das bildungspolitische Ziel ist das allgemeine Interesse an einer Aktivierung von Bildungsreserven, um den Anforderungen einer hochindustrialisierten Gesellschaft gerecht zu werden (DSW 2001a).

Die wichtigsten Eckdaten des BAföG für den Kontext dieser Fallstudie können folgendermaßen zusammengefasst werden (DSW 2001a; www.das-neue-bafoeg.de):

September 1971
- 1.9.1971: BAföG tritt in Kraft
- Förderungsart: 100% Zuschuss
- Ab 1974 schrittweise Einführung eines festen Darlehensbetrags auf bis zu 150 DM pro Monat

1983
- Schüler-BAföG wird weitestgehend aufgegeben
- Förderungsfähig sind vorwiegend die schulische Berufsausbildung, der 2. Bildungsweg und Hochschulstudien

1983 - 1990
- Umstellung der Förderungsart: 100% zinsloses Darlehen (Volldarlehen)

Januar 1990
- Einführung des BAföG in den fünf neuen Bundesländern

---

[13] Sämtliche Paragraphenangaben zum BAföG aus: BMBF 2001, S. 42-80.

Herbst 1990	▪ Umstellung der Förderungsart: 50% Zuschuss und 50% zinsloses Darlehen
	▪ Erweiterung des Freibetragssystems
1996	▪ Beschluss der Regierungschefs von Bund und Ländern, dass eine umfassende Strukturreform der Ausbildungsförderung unter Einbeziehung aller staatlichen Transferleistungen für Auszubildende dringend notwendig ist
	▪ In Ausnahmefällen kann nun auch über die Höchstdauer hinaus in Form eines zinslosen Darlehens gefördert werden
November 2000	▪ Die Rückzahlung von BAföG-Darlehen und die Tilgungsmodalitäten können über das Bundesverwaltungsamt im Internet abgewickelt werden
April 2001	▪ 1.4.2001: Inkrafttreten des Ausbildungsförderungsreformgesetzes (AföRG)
	▪ Durch das sog. „Neue BAföG" werden jährlich ca. 1,3 Mrd. DM zusätzlich für die Förderung von Studierenden und Schülern bereitgestellt.
	▪ Das Bundesministerium für Bildung und Forschung (BMBF) verbessert den Internetservice im Zusammenhang mit BAföG; Benutzer erhalten Online-Informationen über Fördermöglichkeiten und Beantragung von BAföG, Formulare können ausgedruckt und verwendet werden, ein BAföG-Rechner ermittelt eine unverbindliche Prognose der zu erwartenden Förderung

Die Finanzierung der BAföG-Leistungen für Studierende und Schüler wird zu 65% vom Bund und zu 35% von den Ländern getragen (§ 56 BAföG). Der Förderungsbetrag wird in jedem Antragsfall individuell bemessen. Nicht jeder erhält den BAföG-Höchstsatz bzw. die Vollförderung. Bundesweit erhielten im Jahr 2000 29% der geförderten Studierenden den vollen Satz und 71% eine Teilförderung in Abhängigkeit des eigenen Einkommens oder Vermögens bzw. der wirtschaftlichen Lage der Eltern oder des Ehegatten. Schüler erhalten zur Zeit BAföG-Mittel als Zuschuss, der nicht zurückgezahlt werden muss. Studierende hingegen erhalten seit 1990 50% als Zuschuss und 50% als unverzinsliches Staatsdarlehn. Die Rückzahlungen der Darlehen fließen in die allgemeinen Bundes- und Landeshaushalte. Der durchschnittliche Förderungsbetrag für Schüler betrug im Jahr 2000 DM 471 (West: DM 500, Ost: DM 430) und für Studierende DM 637 (West: DM 655, Ost: DM 581).[14]

Tabelle 5 fasst Zahlen über die Entwicklung von BAföG-Leistungen in Deutschland seit 1990 zusammen. Auffällig ist, dass seit der Wiedervereinigung sowohl die Anzahl der geförderten Studierenden und Schüler als auch der finanzielle Aufwand für Bund und Länder kontinuierlich sinken. Erst seit dem Regierungswechsel von 1998 zeichnet sich in den Werten eine Wende ab, jedoch wurde im Jahr 2000 in Gesamtdeutschland nicht einmal die Fördersumme erreicht, die 1990 für die alten Bundesländer allein aufgewendet wurde.

Mit der so genannten BAföG-Reform vom 1. April 2001 (*Das neue BAföG*) beabsichtigt die Bundesregierung, die Förderfälle auf künftig 450.000, also um ca. 80.000 zu erhöhen. Bund

---

[14] www.destatis.de/presse/deutsch/pm2001/p2610071.html (20.11.2001)

und Länder stellen dazu ca. 1,3 Milliarden DM zusätzlich an Fördermitteln zur Verfügung. Das Kindergeld wird nicht mehr angerechnet und die Einkommensgrenzen der Eltern werden erhöht. In Ost- und Westdeutschland gelten seither gleiche Sätze. Der Höchstsatz liegt nun deutschlandweit bei DM 1.140 statt DM 1.030 im Monat, wodurch auch das Durchschnitts-BAföG von DM 637 auf DM 750 gestiegen ist. Zusätzlich wird die Schuldenlast der Staatsdarlehn auf maximal DM 20.000 begrenzt (LEFFERS, Spiegel Online vom 16.2.2001).

Tabelle 5: Entwicklungszahlen des BAföG für Studierende und Schüler in Deutschland

	1990	1991	1992	1993	1994	1995
Geförderte Studierende in Tsd.[15]	291	442	442	408	355	311
Geförderte Studierende in %[16]	19,5	26,0	25,2	22,6	19,3	17,0
Fin. Aufwand Studierende[17]	2.010	2.976	3.038	2.788	2.428	2.173
Geförderte Schüler in Tsd.[15]	-	-	-	124	112	108
Finanz. Aufwand Schüler[17]	507	944	854	729	677	678
Geförderte insgesamt in Tsd.[15]	-	-	-	532	467	419
Finanz. Aufwand insgesamt[17]	2.517	3.920	3.892	3.517	3.105	2.851
	1996	**1997**	**1998**	**1999**	**2000**	
Geförderte Studierende in Tsd.[15]	274	237	225	226	232	
Geförderte Studierende in %[16]	15,1	13,2	12,6	12,7	12,9	
Fin. Aufwand Studierende[17]	2.047	1.390	1.653	1.704	1.774	
Geförderte Schüler in Tsd.[15]	106	109	116	122	127	
Finanz. Aufwand Schüler[17]	674	672	695	698	720	
Geförderte insgesamt in Tsd.[15]	380	346	341	348	359	
Finanz. Aufwand insgesamt[17]	2.721	2.411	2.348	2.402	2.493	

(Quellen: DSW 2001a; Deutscher Bundestag Drucks. 14/1927 S. 8ff; Website des Statistischen Bundesamts[18])

Die lange Geschichte der Kritik an BAföG-Regelungen und Förderquoten kann hier nicht nachvollzogen werden. Zu bemerken ist lediglich, dass seit 1971 insgesamt 21 Novellen und Gesetzesänderungen zu immer spezielleren Einzelfallregelungen führten, die von den Auszubildenden immer weniger verstanden werden.[19] Auch die BAföG-Reform vom 1. April 2001 brachte keine strukturellen Änderungen hervor, wie sie etwa im Entwurf *BAföG für alle* des BMBF zunächst vorgesehen war. Nach diesem Modell sollten alle Studierenden pauschal DM 400 erhalten, während parallel den Eltern Kindergeld und Steuerfreibeträge gestrichen

---

[15] Im Jahresdurchschnitt
[16] Zahl der geförderten Studierenden im Verhältnis zur Anzahl aller Studierenden
[17] Finanzieller Aufwand in Mio. DM von Bund und Ländern
[18] www.destatis.de/presse/deutsch/pm2001/p2610071.html (20.11.2001)
[19] „Studentenwerk: BAföG im Wandel", in: www.focus.de/D/DB/DBO/dbo.htm?snr=94441 (28.9.2001)

würden. Kinder einkommensschwacher Eltern hätten diese Beträge wie bisher durch zinslo-se Darlehen aufstocken können. Neben dem größeren finanziellen Spielraum für Studieren-de hätte das Modell zusätzlich eine deutliche Verfahrensvereinfachung mit sich gebracht, die zu steigenden Antragszahlen führen könnte. Bislang nämlich verzichten viele Anspruchsbe-rechtigte, weil sie den Papierkrieg scheuen oder durch die ständigen Neuerungen der Ge-setzeslage schlicht nicht wissen, dass ihnen Förderung zusteht und deshalb keinen Antrag stellen (LEFFERS, Spiegel Online vom 4.5.2001). So kritisierte der Präsident der Hochschul-rektorenkonferenz KLAUS LANDFRIED: „Zudem ist ein Antrag auch auf bescheidene Hilfe mit einem Bürokratieaufwand verbunden, der seinesgleichen sucht" (LEFFERS, Spiegel Online vom 16.2.2001).

5.2 Der BAföG-Prozess vom Antrag bis zur Rückzahlung

Um die Kritik des HRK-Präsidenten nachzuvollziehen ist es hilfreich, das gesamte BAföG-Verfahren von der ersten Antragstellung bis zur Rückzahlung der Darlehen genauer zu durchleuchten wofür Abbildung 3 einen Überblick verschafft. Exemplarisch wird hier das Verfahren im Land Brandenburg dargestellt.

Abbildung 3: Der BAföG-Prozess in Brandenburg

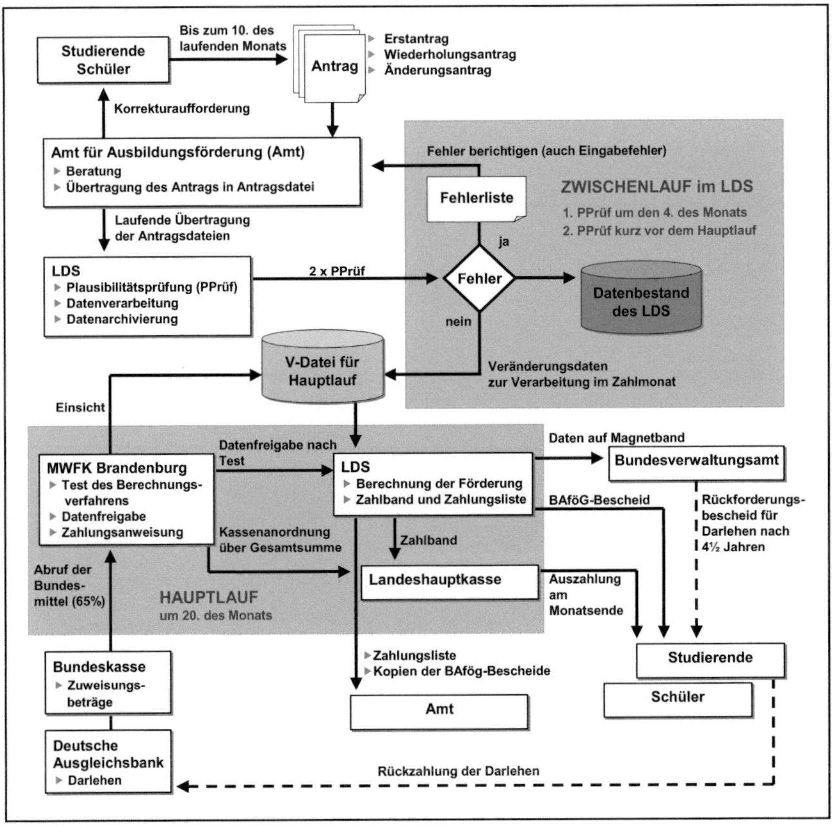

(Quellen: Informationen aus Interviews im Referat 24, MWFK Brandenburg und im LDS)

BAföG wird nach § 39 (1) des Gesetzes im Auftrag des Bundes von den Ländern ausgeführt. Die Darstellung in diesem Kapitel konzentriert sich auf die Vorgehensweise im Land Brandenburg. Die Antragsformulare *(Formblätter)* sind jedoch nach § 46 (3) BAföG durch eine Allgemeine Verwaltungsvorschrift der Bundesregierung bundeseinheitlich festgelegt (Ausnahme: Bayern). Außerdem unterliegen auch das Bearbeitungsverfahren und die eingesetzten Systeme in den meisten Ländern dem gleichen Verbundprogramm, dass vom *Programmierverbund BAföG* entwickelt wurde. Dieser Verbund wurde mit der Einführung des BAföG 1971 gegründet und setzt sich aus Mitarbeitern der Rechenzentren und Ministerialreferaten der Länder zusammen, die BAföG-Aufgaben wahrnehmen. Durch den Verbund soll gewährleistet werden, dass verwendete Bearbeitungssysteme bundesweit möglichst einheitlich geprüft, implementiert und aktualisiert werden. So muss etwa nach jeder Gesetzesänderung das Programm zur Berechnung der BAföG-Sätze durch den Verbund angepasst und unter den Mitgliedern verbreitet werden. Verbundsitzungen finden mindestens zweimal jährlich statt (Interview: LUDWIG; Interview: SKALEY). Die folgende Prozessdarstellung kann daher auf fast alle Bundesländer übertragen werden..

5.2.1 Der BAföG-Antrag

Bevor BAföG-Leistungen ausgezahlt werden können, muss festgestellt werden, ob

- die Ausbildung förderungsfähig ist (Schulen und Hochschulen nach § 2 BAföG),

- die persönlichen Förderungsvoraussetzungen erfüllt sind (§ 8 BAföG Staatsangehörigkeit, § 9 BAföG Eignung, § 10 BAföG Alter)

- und der Ausbildungsbedarf nicht durch eigenes Einkommen und Vermögen sowie Einkommen und Vermögen von Ehegatten und Eltern gedeckt werden kann (§§ 11-13 BAföG).

Die Auszubildenden müssen diese Angaben in einem schriftlichen Antrag auf dafür vorgesehenen *Formblättern* beim zuständigen Amt für Ausbildungsförderung einreichen (§§ 45, 46 BAföG). Dort sind auch die Formblätter erhältlich. Zuständig ist

- für Studierende das BAföG-Amt des Studentenwerks (Anstalt des Öffentlichen Rechts) der Hochschule, an welcher der Studierende immatrikuliert ist,

- für Schüler und Auszubildende das Amt für Ausbildungsförderung der Kreisverwaltung bzw. kreisfreien Stadt am Wohnort der Eltern (§ 40 (1),(2) BAföG).

Folgende Formblätter müssen beim Erstantrag und in jedem Folgejahr der Förderungsdauer (Wiederholungsantrag) ausgefüllt werden:

Tabelle 6: Formblätter, benötigte Daten und Unterschriften des BAföG-Antrags

	benötigte Daten	Unterschrift
Formblatt 1 Antrag auf Ausbildungsförderung	▪ personenbezogene Daten ▪ bezogene (Sozial-)Leistungen ▪ Wohnung ▪ Kranken- und Pflegeversicherung ▪ Einkommen, Vermögen, Schulden	▪ Auszubildender ▪ Gesetzlicher Vertreter bei Auszubildenden unter 15 Jahren
Anlage zum Formblatt 1	▪ Schulischer und berufl. Werdegang ▪ Dabei bezogene monatl. Bruttolöhne	▪ Auszubildender
Formblatt 2 Bescheinigung nach § 9 BAföG	▪ Art der Ausbildungsstätte ▪ Teilnahme an einem Praktikum	▪ Ausbildungsstätte
Formblatt 3 Erklärung des Ehegatten, des Vaters, der Mutter	▪ Erklärung jedes Elternteils mit eigenem Einkommen (soziale Situation, Einnahmen, Steuerbescheide) ▪ Erklärung des Ehegatten (soziale Situation, Einnahmen, Steuerbescheide)	▪ Erklärende Elternteile ▪ Ehegatte

(Download aller Formblätter unter: www.das-neue-bafoeg.de/antrag_form_laender.htm)

Ergänzend müssen je nach Situation folgende Formblätter eingereicht werden:

Tabelle 7: Formblätter für spezielle Situationen

	benötigte Daten	Unterschrift
Formblatt 4 Zusatzblatt für Ausländer	▪ Aufenthalte in der BRD oder DDR ▪ Eigene Erwerbstätigkeiten ▪ Erwerbstätigkeiten der Eltern ▪ Besondere Rechtstellung (z.B. diplomatische Mission)	▪ Auszubildender ▪ Vater ▪ Mutter
Formblatt 5 Bescheinigung nach § 48 BAföG	▪ Leistungsbescheinigung, grundsätzlich ab dem 5. Semester ▪ **Nur von der Ausbildungsstätte auszufüllen**	▪ Zuständiges hauptamtliches Mitglied des Lehrkörpers
Formblatt 6 Antrag auf Ausbildungsförderung für eine Ausbildung im Ausland	▪ Ausbildungsstätte im Ausland ▪ Zeitraum des Auslandsaufenthalts ▪ Erklärung über Sprachkenntnisse ▪ Reisekosten (mit Belegen) ▪ Studiengebühren (mit Belegen) ▪ Stellungnahme der bisherigen Ausbildungsstätte ▪ Bestätigung der Ausbildungsstätte im Ausland ▪ Bescheinigung über Stipendien	▪ Auszubildender ▪ Mitglied des bisherigen Lehrkörpers ▪ Ausbildungsstätte im Ausland
Formblatt 7	▪ Erklärung des Auszubildenden	▪ Auszubildender

Aktualisierung nach § 24 (3) BAföG	▪ Erklärung der Elternteile und des Ehegatten über Einkommensminderungen	▪ Erklärende Elternteile ▪ Ehegatte
Formblatt 8 Antrag auf Vorausleistungen	▪ Angaben über fehlende Unterhaltsleistungen der Erziehungsberechtigten ▪ Angaben über fehlende Auskünfte der Erziehungsberechtigten ▪ Bezogene Sachleistungen von den Erziehungsberechtigten ▪ Angaben zu Unterhaltsverfahren	▪ Auszubildender

Zusammenfassend lässt sich feststellen, dass für einen Erst- bzw. Wiederholungsantrag (in jedem weiteren Förderungsjahr) Formblätter auf mindestens elf Seiten ausgefüllt, 364 Datenfelder berücksichtigt und bis zu fünf Unterschriften abgegeben werden müssen. Zusätzlich müssen diverse Bescheinigungen und Belege über die Versicherungs-, Einkommens- und Vermögenssituation des Antragstellers sowie seiner Angehörigen mit dem Antrag beim BAföG-Amt eingehen. Nach § 60 Erstes Sozialgesetzbuch ist der Antragsteller von Sozialleistungen, wozu BAföG-Leistungen zählen, verpflichtet, alle erforderlichen Tatsachen und entsprechende Nachweise für die Sachaufklärung anzugeben, die im BAföG genannt werden. Andernfalls kann die Sozialleistung versagt oder entzogen werden (BMBF 2001, S. 93).

Aufgrund dieser vielfältigen Anforderungen gehen häufig fehlerhafte oder unvollständige Anträge bei den Ämtern für Ausbildungsförderung ein. Das Studentenwerk Potsdam schätzt die Quote allein bei Studierenden auf 80-90%, bei Schülern eher höher. In diesem Fall mahnt das Amt schriftlich zur Ergänzung oder Korrektur, wodurch sich die Bearbeitungszeit verzögert. Da das anschließende Bearbeitungsverfahren an feste Termine gebunden ist, muss ein korrekter Antrag bis zum jeweils 10. des laufenden Monats im zuständigen Amt vorliegen, damit es am Ende des entsprechenden Monat zur Auszahlung kommen kann (Interview: DUCKERSCHEIN).

BAföG bedingt aufgrund der vielen Einzelfallregelungen und Nachweispflichten einen großen Beratungs- und Informationsaufwand, damit die Anträge korrekt und vollständig in die Bearbeitung fließen können. Hilfe zur Antragstellung wird zunächst durch die Ämter für Ausbildungsförderung selbst angeboten, insbesondere durch persönliche Beratung in den Sprechstunden der Sachbearbeiter. Nach Informationen des Studentenwerks Potsdam nimmt allerdings nur ein geringer Teil der Antragsteller die persönliche Beratung bei den zehn Sachbearbeiterinnen in Anspruch, was ein Hauptgrund für unkorrekte Anträge sei. Dennoch führe schon die geringere Zahl derjenigen Studierenden, die persönliche Beratung wünschen, zu vollen Sprechstunden und Wartezeiten. Durch *Das neue BAföG* vom April 2001 ist die Anzahl der Anträge im Studentenwerk Potsdam bisher um 22,3% angestiegen, weshalb zwei weitere Sachbearbeiterstellen beim Ministerium für Wissenschaft, Forschung und Kultur (MWFK) des Landes Brandenburg beantragt wurden (Interview: DUCKERSCHEIN).

Zusätzlich werden mit den Formblättern Erläuterungen zum Antrag herausgegeben. Für Formblatt 1 etwa sind diese Erläuterungen auf vier engbedruckten Seiten zusammengefasst. Daneben werden BAföG-Ratgeber der Bundes- oder Landesministerien sowie privater Verlage oder des Deutschen Studentenwerks veröffentlicht. So erschien mit der letzten BAföG-Reform eine Broschüre des Bundesministeriums für Bildung und Forschung mit Erläuterungen, Beispielen und Angaben zu einer gebührenfreien Telefon-Hotline (BMBF 2001). Weiterhin bieten die Studierendenvertretungen der Universitäten üblicherweise persönliche BAföG-Beratungen an (etwa: www.asta.uni-potsdam.de). Tabelle 8 gibt eine Übersicht zur Entwicklung der BAföG-Fördersituation im Land Brandenburg.

Tabelle 8: Entwicklungszahlen von BAföG-Leistungen für Studierende und Schüler in Brandenburg

	1992	1993	1994	1995	1996
Geförderte Studierende[20]	5.226	5.460	4.837	4.186	4.220
Fin. Aufwand Studierende[21]	31.627	33.068	27.690	25.519	28.469
Geförderte Schüler[20]	9.274	6.788	5.291	4.598	4.387
Finanz. Aufwand Schüler[21]	48.948	37.338	28.177	26.110	26.197
Geförderte insgesamt[20]	14.500	12.248	10.128	8.784	8.606
Finanz. Aufwand insgesamt[21]	80.575	70.406	55.867	51.629	54.666
	1997	1998	1999	2000	
Geförderte Studierende[20]	4.386	4.932	5.495	5.976	
Fin. Aufwand Studierende[21]	29.993	33.853	38.457	42.643	
Geförderte Schüler[20]	4.939	6.938	8.882	10.318	
Finanz. Aufwand Schüler[21]	27.944	36.621	45.988	53.494	
Geförderte insgesamt[20]	9.325	11.871	14.318	16.293	
Finanz. Aufwand insgesamt[21]	57.937	70.483	84.451	96.137	

(Quelle: LDS 2000, S. 9)

5.2.2 Das Bearbeitungsverfahren

Zum besseren Verständnis des komplexen Bearbeitungsprozesses sei ein gelegentlicher Blick auf die Überblicksdarstellung in Abbildung 3 empfohlen.

Nachdem der richtig ausgefüllte und vollständige BAföG-Antrag im zuständigen Amt für Ausbildungsförderung vorliegt, werden die Daten von der Sachbearbeiterin in eine Datenmaske

---

[20] Im Jahresdurchschnitt

[21] Finanzieller Aufwand in Tsd. DM, davon 65% Bund und 35% Land Brandenburg

eingegeben. Dazu wird seit November 2001 in ganz Brandenburg die Software *proBAFOEG* verwendet, die vom Statistischen Landesamt des Freistaates Sachsen entwickelt wurde (STATISTISCHES LANDESAMT DES FREISTAATES SACHSEN 2000). Neben den Antragsdaten müssen von den Sachbearbeitern zusätzlich Angaben aus den beigefügten Belegen in den Datensatz eingefügt und zum Teil von Jahres- auf Monatssummen umgerechnet werden. Bis zum November des Jahres 2001 wurden von jeder Sachbearbeiterin des Studentenwerks Potsdam durchschnittlich 681 Erst- und Folgeanträge bearbeitet – zum Vergleich: 2000 = 558; 1998 = 428 (Interview: DUCKERSCHEIN).

Anschließend werden die Antragsdateien an den *Landesbetrieb für Datenverarbeitung und Statistik* (LDS) übertragen. Bis vor kurzem wurden dabei lediglich Erfassungsbelege in Papierform übermittelt, die dann von BAföG-unkundigen Mitarbeitern des LDS in Datenbanken eingegeben wurden, wobei es häufig zu Eingabefehlern kam. Durch das aktuelle Verfahren, bei dem die Sachbearbeiter in den Ämtern die Antragsdaten am Monitor in elektronische Form bringen und softwareunterstützt prüfen, konnten die Fehler bei der Eingabe von 8% auf 2% der Fälle verringert werden (Interview: HOLZ; Interview: LUDWIG).

14 der 20 Ämter für Ausbildungsförderung in Brandenburg übertragen üblicherweise ihre Antragsdateien mit verschlüsselten E-Mails. Ein Amt verwendet zur Übertragung das *Landesverwaltungsnetz*, ein landesweites Behördennetzwerk zur Kommunikation und zum Datenaustausch, an das inzwischen ca. 480 Landes- und Kommunalbehörden angeschlossen sind. In den BAföG-Ämtern von fünf Kreisen jedoch fehlen die finanziellen Mittel für E-Mail-Anschlüsse sowie die Anbindung ans Landesverwaltungsnetz, so dass sie ihre Antrags-Dateien auf Disketten ablegen und postalisch an den LDS senden (Interview: SKALEY; Interview: LUDWIG).

Das Programm *proBAFOEG* unterstützt eigentlich die Übertragung der Antragsdaten über E-Mail oder ein Landesnetzwerk. Das Verschlüsselungsprogramm zur Datenübertragung in Brandenburg ist jedoch nicht mit der neuen BAföG-Software kompatibel und eine geeignete Version liegt noch nicht vor. Daher senden zur Zeit alle 20 Ämter in Brandenburg ihre Dateien auf Disketten an den LDS (Interview: SKALEY).

Der *Landesbetrieb für Datenverarbeitung und Statistik*, der bis zum 1. Januar 2001 ein Landesamt im Geschäftsbereich des brandenburgischen Innenministeriums war, ist das zentrale Rechenzentrum, genereller IuK-Dienstleister, Entwickler für Fachanwendungen sowie die Zentrale für statistische Daten des Landes und hat rund 400 Mitarbeiterinnen und Mitarbeiter. Hier werden die eintreffenden BAföG-Daten zunächst elektronisch auf ihre Plausibilität geprüft, also darauf, ob die Datenwerte in ihrer Art oder Höhe dem Datenfeld entsprechen oder ob innerhalb eines Antrags logische Fehler vorliegen. Eine Liste der fehlerhaften Anträge geht zur erneuten Bearbeitung an die Ämter zurück, wo Korrekturen gemacht werden, bevor die Antragsdaten erneut zum LDS kommen. Dieses Prüfverfahren wird auch *Zwischenlauf* genannt und findet in der Regel um den 2. Tag des jeweiligen Monats statt. Die korrigierten Antragsdateien werden anschließend ein zweites Mal der Plausibilitätsprüfung unterzogen, bevor sie ins so genannte *BAföG-Hauptverfahren* bzw. den *Hauptlauf* kommen (Interview: LUDWIG; Interview: SKALEY).

Für den Hauptlauf erstellt das LDS zunächst mit den neuen Daten einen *Veränderungsdatensatz* (V-Datei), indem der bestehende Datensatz laufender BAföG-Anträge um die neuen Anträge erweitert wird bzw. Aktualisierungen an älteren Anträgen vorgenommen werden. Die V-Datei enthält also die Daten aller Anträge, für die es im laufenden Monat zu einer Auszahlung von BAföG-Leistungen kommt.

Das Referat 24 für Ausbildungsförderung des MWFK kann die V-Datei über das Landesverwaltungsnetz einsehen, jedoch nicht verändern. Das MWFK hat lediglich die Dienstaufsicht, während allein die Ämter für Ausbildungsförderung für Bearbeitung und Korrekturen zuständig sind (Interview: LUDWIG).

Im Referat 24 wird jedoch mit einem Test das Berechnungsverfahren geprüft, das später die Fördersumme jedes einzelnen Antrags in der V-Datei maschinell errechnet. Dazu werden von zwei Sachbearbeiterinnen des Referates fünf bis zehn *fiktive* Anträge manuell auf deren Fördersumme ausgerechnet. Anschließend werden die gleichen Test-Anträge dem maschinellen Berechnungsverfahren unterzogen. Stimmen alle Summen überein, wird der *Hauptlauf*, in dem die Auszahlung der BAföG-Leistungen erfolgt, freigegeben.

Der Hauptlauf beginnt nach der Freigabe damit, dass im LDS das Berechnungsverfahren gestartet wird. Die Systeme des LDS ermitteln dabei für jeden einzelnen Antrag der V-Datei die jeweilige Fördersumme. Anschließend wird aus der V-Datei ein elektronisches *Zahlband* erstellt. Das Zahlband ist eine Daten-Liste, welche die Gesamtsumme aller BAföG-Fälle des Monats sowie Antragsdaten und Fördersatz jedes einzelnen Falls ausweist.

Nachdem die Gesamtsumme des Monats feststeht, ruft das Referat 24 nun Bundesmittel von der Bundeskasse (für Zuschüsse) und der Deutschen Ausgleichsbank (Staatsdarlehen für Studierende) mit schriftlichem Antrag ab. Die Mittel werden von dort zur Landeszentralbank Brandenburgs transferiert. Insgesamt betragen diese Bundesmittel 65% der monatlichen Gesamtfördersumme (Interview: LUDWIG).

Darauf erteilt das Referat 24 der Landeshauptkasse eine Kassenanordnung über die Gesamtsumme, die auf dem Zahlband ausgewiesen wird.

Gleichzeitig überträgt das LDS über das Landesverwaltungsnetz die Zahlband-Daten mit den Bankverbindungen und den errechneten Einzelbeträgen der Förderfälle im laufenden Monat an die Landeshauptkasse. Durch die Daten des Zahlbandes und die Kassenanordnung kann schließlich die Überweisung von BAföG-Mitteln auf die Konten der Antragsteller erfolgen. Das BAföG-Hauptverfahren beginnt in der Regel um den 20. Tag des Fördermonats und endet mit der Auszahlung am Monatsende.

Neben dem monatlichen Hauptlauf erstellt das LDS elektronisch die BAföG-Bescheide für die Erstantragsteller sowie einmal im Jahr für Wiederholungsanträge, die von dort auf direktem Postweg an die Auszubildenden geschickt werden. Die BAföG-Ämter erhalten vom LDS Kopien der Bescheide zur Archivierung sowie einen Ausdruck des Zahlbandes (*Zahlungsliste*) ihrer Fälle, um über den Bearbeitungsstand jedes einzelnen Förderfalls informiert zu sein (Interview: LUDWIG; Interview: SKALEY).

Der Auszubildende erfährt also erst durch Erhalt des Bescheids, ob und in welcher Höhe er gefördert wird. Mit *proBAFOEG* haben die Sachbearbeiterinnen in den Ämtern neuerdings die Möglichkeit, dem Antragsteller direkt nach der Dateneingabe eine unverbindliche Prognose zu erstellen. Dieses Angebot ist zur Zeit jedoch noch nicht in Anwendung (Interview: DUCKERSCHEIN).

Jedes Jahr im November schließlich übermittelt der LDS nach § 9 der Verordnung über die Einziehung der nach dem BAföG geleisteten Darlehen (DarlehensV) Daten über die im Kalenderjahr geleisteten Darlehen und relevante Änderungen über zurückliegende Darlehen ans *Bundesverwaltungsamt* in Köln (BVA). Nach § 9 (2) DarlehensV sollen diese Daten auf maschinell lesbaren Datenträgern zur Verfügung stehen. Die zuständigen Rechenzentren in allen Bundesländern überspielen hierzu die Datensätze auf Magnetbandkassetten, die auf dem Postweg ans Bundesverwaltungsamt geschickt werden. Eine Möglichkeit zur Online-Übertragung wurde bislang noch nicht entwickelt (Interview: SKALEY).

Obwohl das Bearbeitungsverfahren hochgradig automatisiert und termingebunden abläuft, ist doch ein erheblicher Koordinationsaufwand zwischen den beteiligten Stellen erforderlich. Veränderungen im Verfahren oder in den Systemen müssen meist über mehrere Ebenen kommuniziert und abgestimmt werden, bevor der Ablauf ohne Unterbrechungen funktioniert. Die Datenübertragungsprobleme bei der Einführung der Software *proBAFOEG* zeigen, dass die erforderliche Abstimmung nicht immer gelingt und die Einführung von aktualisierten Systemen verlangsamt.

Dennoch erreicht ein Antrag, der bis zum 10. Tag des Bearbeitungsmonats korrekt und vollständig im zuständigen Amt eingeht, also auch nach der 1. Plausibilitätsprüfung, in der Regel eine Auszahlung am Monatsende. Im Durchschnitt wurden im Jahr 2000 in Brandenburg monatlich 16.239 Anträge auf diese Weise bearbeitet (Interview: DUCKERSCHEIN).

5.2.3 Die Rückzahlung

Für die Einziehung der Staatsdarlehen, die an geförderte Studierende vergeben wurden, ist zentral das *Bundesverwaltungsamt* (BVA) zuständig.

Das Bundesverwaltungsamt wurde am 28.12.1959 als selbständige Bundesoberbehörde im Geschäftsbereich des Bundesministeriums des Innern (BMI) mit Sitz in Köln errichtet. Generell hat es die Funktion der zentralen Dienstleistungsbehörde des Bundes, wo heterogene Aufgaben verschiedener Bundesressorts zentral gebündelt werden, um die Bundesministerien von administrativen Tätigkeiten (Bearbeitung von Bescheiden, Verwaltungsakte etc.) zu entlasten und die Bearbeitungseffizienz zu erhöhen. Zur Zeit hat das BVA mehr als 100 verschiedenen Fachaufgaben und rund 2.500 Beschäftigte.[22]

Bei der BAföG-Rückzahlung bot sich eine zentrale Lösung an, da für Studierende hierbei weniger individueller Beratungsbedarf besteht und die Bearbeitung der Massendaten durch eine Stelle effizienter zu leisten ist (Interview: ZUBER). Das BVA verwaltet derzeit Daten von rund 500.000 Darlehensnehmern (BMI 2001a, S. 69). Anders als bei der Dienstaufsicht durch das BMI liegt die Fachaufsicht bei den BAföG-Aufgaben beim Bundesministerium für Bildung und Forschung.

Darlehensnehmer sind nach § 12 (1) 1 (DarlehensV) dazu verpflichtet, dem Bundesverwaltungsamt jede Anschriften- und Namensänderung unverzüglich schriftlich mitzuteilen. Andernfalls entstehen für den Geförderten Kosten für die Anschriftermittlung in Höhe von DM 50 bzw. € 25,56. Eine Mitteilung an das Amt für Ausbildungsförderung oder eine ordnungsgemäße Ummeldung beim Einwohnermeldeamt ersetzen diese Mitteilungspflicht nicht (BMBF 2001, S. 17).

Etwa viereinhalb Jahre nach Ablauf der Förderungshöchstdauer des zuerst geförderten Ausbildungsabschnittes stellen die Referate IV 1 bis IV 11 der Abteilung IV des BVA (285 Arbeitsplätze) dem Geförderten per Post einen Feststellungsbescheid zu, in dem die Höhe der Darlehensschuld festgestellt wird (§ 18 Abs. 5 a BAföG). Gleichzeitig erhält der Darlehensnehmer einen Rückzahlungsbescheid über den Rückzahlungszeitpunkt und die Höhe der Raten (§ 10 DarlehensV).

Die Rückzahlungsverpflichtung beginnt fünf Jahre nach dem Ablauf der Förderungshöchstdauer des zuerst mit Darlehen geförderten Studiums (§ 18 Abs. 3 BAföG). Durch schriftlichen Antrag kann in besonderen Fällen ein Teilerlass der Schuld oder eine Stundung bewilligt werden. Ebenso ist durch eine vorzeitige Rückzahlung des Darlehens ein Nachlass zu erlangen. Formblätter für solche Anträge verschicken die BAföG-Ämter sowie das BVA.

---

[22] www.bva.bund.de/bva/willkommen/index.html (18.11.2001)

Der Rückzahlungsbetrag wird im Auftrag des BVA von der Bundeskasse in Düsseldorf im Lastschrifteinzugsverfahren von einem laufenden Konto des Darlehensnehmers eingezogen (§ 39 (2) BAföG).

5.3 BAföG online I: Erste Umsetzungsschritte

Unter BAföG online wird hier verstanden, Schritte des in Kapitel 5.2 geschilderten Prozesses mithilfe moderner IuK-Technologie, insbesondere Internet-Diensten zu unterstützen bzw. abzuwickeln. Dieses Kapitel ist nicht nach Prozessschritten gegliedert, sondern nach beteiligten Institutionen, da die Entwicklungen teilweise parallel und separat erfolgen. Jedoch soll, soweit möglich, der Entwicklungsprozess des Beitrags zu BAföG online für jede beteiligte Einrichtung nachvollzogen werden. Offiziell wurde der Begriff BAföG online zuerst vom Bundesverwaltungsamt für ein Pilotprojekt verwendet, das im nächsten Abschnitt vorgestellt wird.

5.3.1 BAföG online im Bundesverwaltungsamt

Neben seiner Funktion als zentralem Dienstleister des Bundes versteht sich das Bundesverwaltungsamt (BVA) als „aktivierende Kraft im Prozess der Behördenmodernisierung" (HENSEN 2000, S. 115). Da die heterogenen Aufgaben zu einer Vielfalt von Partnerschaften im privaten und öffentlichen Bereich auf allen Ebenen sowie zu Kontakten mit Millionen Bürgerinnen und Bürgern führen, stehen Kundenorientierung und Qualitätsmanagement im Zentrum der Modernisierungsaktivitäten. Dazu werden einzelne Reformansätze wie Personalentwicklung, Prozessoptimierung, Zielvereinbarungen, Kosten und Leistungsrechnung sowie Controlling integriert betrachtet, um ein „System der lernenden Verwaltung zu generieren".[23] Als strategisches Modernisierungsleitbild und zur Messung der Zielerreichung verwendet das BVA eine Balanced Scorecard mit den Polen Kundenorientierung, Mitarbeiterorientierung, Wirtschaftlichkeit und Geschäftsprozessoptimierung (Interview: ZUBER).

FAVORIT-OfficeFlow

Das BVA setzt zur Zielerreichung insbesondere auf die Selbstentwicklung und den effizienten, ablauforientierten Einsatz von Informationstechnologie. Aus diesem Kontext heraus wurde 1997 in Zusammenarbeit mit Debis Systemhaus die Software FAVORIT-OfficeFlow entwickelt, die aus zwei Elementen besteht, nämlich (HENSEN 2000, S. 123)

1. einem elektronischen Dokumentenmanagementsystem, das den Ersatz von Papierakten und Registraturen durch eine elektronische Ablage ermöglicht und

---

[23] www.bva.bund.de/bva/veroeffentlichungen/75/index.html (18.11.2001)

2. einem elektronischen Workflow-Managementsystem, mit dem strukturierte und unstrukturierte Arbeitsprozesse informationstechnisch gesteuert werden können.

FAVORIT eignet sich nach Angaben des BVA für alle Verwaltungen und ist im Bezug auf die jeweilige Anwendung und Zugriffsberechtigung individuell anpassbar. Im BVA wurde es inzwischen an über 370 Arbeitsplätzen installiert. Neben zwei Thüringer Ministerien und der Regulierungsbehörde für Telekommunikation und Post hat sich kürzlich die Landesregierung von Nordrhein-Westfalen entschieden, FAVORIT in Ministerien und nachgeordneten Behörden flächendeckend einzuführen.[24]

Die 285 Mitarbeiter der BAföG-Referate des BVA verwenden FAVORIT seit 1997. Die schriftlich eingegangenen Anträge der Darlehensnehmer (z.B. auf Teilerlass oder Stundung der Rückzahlung) werden dabei von einer zentralen *Scann-Stelle* eingescannt und damit für FAVORIT lesbar gemacht. Die BAföG-Sachbearbeiter bearbeiten demnach keine Papieranträge mehr, sondern greifen auf elektronische Akten im Dokumentenmanagementsystem von FAVORIT zurück. Die jährlichen Effizienzgewinne durch Personal- und Sachkosteneinsparungen werden vom BVA auf ca. neun Millionen Mark beziffert (HENSEN 2000, S. 125).

eStrategie und BVA Office.net

Im Februar 2000 erfolgte ein weiterer relevanter Schritt. Da das BVA Informationen und Wissen als das Handwerkszeug der Verwaltung identifizierte, sollte ein umfangreiches Informations- und Wissensmanagementsystem (heute: *BVA Office.net*) als zentrales Element der Verwaltungsmodernisierung entwickelt werden. Dazu wurde eine hausinterne, interdisziplinäre Projektgruppe unter der Leitung von ULRICH ZUBER beauftragt, eine *eStrategie* zu erstellen. Inzwischen liegt die entgültige eStrategie vor und führt den Leitsatz: "Informationen und Wissen erfolgreich kommunizieren" (BMI 2001a, S. 10). In erster Linie dient sie als Umsetzungsplan des *Office.net* und steuert die organisatorischen, prozessualen, technischen und personellen Aspekte.

Das Ziel ist, mit Hilfe von Internettechnologie Informationen und Wissen des BVA medienbruchfrei, benutzerfreundlich, bedarfsgerecht, schnell und sicher bereitzustellen. Unter Wissen versteht das BVA sämtliche Informationsbestände, die zu Kommunikations- und Arbeitsprozessen der Mitarbeiter notwendig und förderlich sind (BMI 2001a, S. 14).

Im Ergebnis wird es einen Bereich geben, der für externe Besucher sichtbar ist (Internetportal) sowie einen gesicherten Bereich mit vielfältigen Kommunikationsmöglichkeiten für Mitarbeiter des BVA (Intranetportal bzw. BVA Office.net). Langfristig erwarten die Entwickler, dass eStrategie und BVA Office.net die Medienkompetenz der Mitarbeiter erhöhen und damit

---

[24] www.bva.bund.de/imperia/md/content/abteilungen/abteilungi/13.pdf (18.11.2001)

zu einem allmählichen Kulturwandel im BVA beitragen. Kommunikation mit moderner Technik soll immer mehr zur Selbstverständlichkeit werden wodurch der Umgang mit Informationen und Wissen gezielter und integrierter erfolgt (Schütz 2001; BMI 2001a, S. 12). Für die Kunden sollen damit verbesserte Informations-, Kommunikations- sowie Transaktionsangebote des Bundesverwaltungsamtes entstehen.

Die Strategie betrachtet Organisation, Personal und Technik in einem Zusammenhang und beabsichtigt mit der Umsetzung eine wechselseitige Annäherung und Anpassung. Das Gesamtangebot an Informationen und Fachapplikationen (z.B. FAVORIT-Datenbanken) soll so geordnet und harmonisiert werden, dass es dem individuellen Bedarf der Mitarbeiter- und Kundensegmente entsprechend bereitgestellt werden kann (BMI 2001a, S. 10f).

Im Entwicklungsprozess der eStrategie und des Office.net erfolgten daher unter anderem Bestandsanalysen der IuK-Kompetenz der Mitarbeiter, Workshops mit Technikern, Juristen und der Personalabteilung zur Bestimmung von Wissensgebieten und Zugriffsrechten sowie zur kunden- und mitarbeitergerechten Systementwicklung. Anhand der Ergebnisse wurde BVA Office.net als Wissens- und Arbeitsplattform konzipiert, die für die Aufgaben und den Kommunikationsbedarf eines jeden BVA-Mitarbeiters individuell angepasst werden kann. Das BVA Office.net kann damit ganze Arbeitsprozesse abbilden und ihren Verlauf strukturieren (Interview: ZUBER). Die Inhalte der Intranet-Seiten sollen bald dezentral von jedem Mitarbeiter eingestellt werden können, der eine aus seiner Sicht relevante Information zu veröffentlichen hat. In der Selbstverantwortung wird ein bedeutender Beitrag zur Steigerung der Medienkompetenz erkannt. Die externen Seiten werden bereits von hausinternen Fachabteilungsredakteuren aktualisiert und erweitert (BMI 2001a, S. 42ff). Ein umfangreiches hausinternes Schulungsprogramm für über 120 der zukünftigen Online-Redakteure des BVA rundete die Vorbereitungsphase ab (Interview: ZUBER).

Abbildung 4: Informations- und Wissensmanagement im BVA

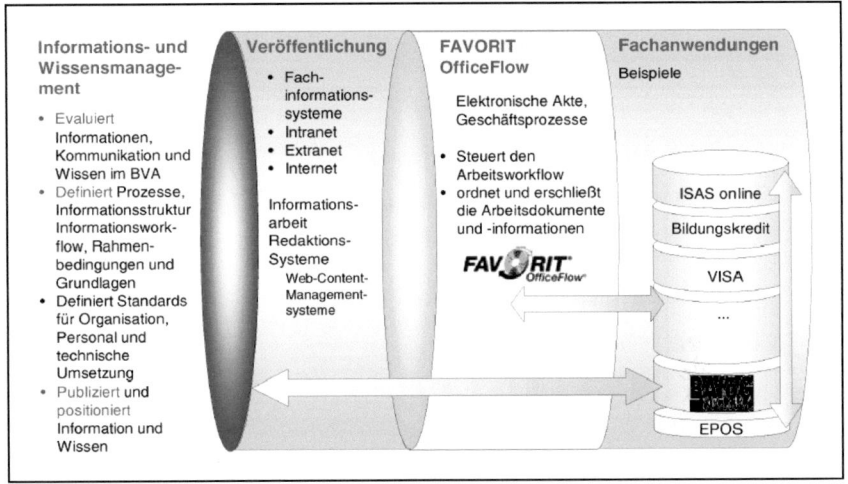

Informations- und Wissensmanagement	Veröffentlichung	FAVORIT OfficeFlow	Fachanwendungen

(Quelle: BMI 2001a, S. 51)

BAföG online als Pilotprojekt

Im Vorfeld der Implementation sollten Pilotprojekte stattfinden, um die Möglichkeiten des Office.net praktisch aufzuzeigen und die Strategie auch über die Grenzen des BVA hinaus bekannter zu machen. Die Pilotprojekte mussten zu den Zielen der Balanced Scorecard beitragen und möglichst vorhandene Systeme und Strukturen nutzen. Die BAföG-Aufgaben des BVA boten sich besonders an, da für Studierende ein Mehrwert durch eine papierlose, ort- und zeit-unabhängige Darlehensabwicklung entsteht (Kundenorientierung). Außerdem haben inzwischen 60,2% der Abiturienten sowie 60,7% Hochschulabsolventen Zugang zum Internet, womit sie klar über dem Bundesdurchschnitt von knapp 39% liegen und damit als Zielgruppe für Online-Dienstleistungen geeignet erscheinen (Anhang 1). Weiterhin wird mit über 500.000 laufenden Darlehensakten die kritische Masse erreicht, für die sich Investitionen in weitere Optimierungssysteme lohnen. Durch die BAföG-Reform vom April 2001 wird mit einem weiteren Anstieg der Fälle gerechnet. Außerdem verwendet die Abteilung IV des BVA bereits FAVORIT bei der Bearbeitung von Anträgen zur Darlehensrückzahlung, so dass sich eine Integration in das Office.net aus einem weiteren Grund anbot (Interview: ZUBER).

Mithilfe des Internet-Unternehmens *Seitenbau*, Konstanz, wurden daher folgende Formulare für die Darlehnsrückzahlung auf dem Internet-Portal des BVA abgelegt:

- Antrag auf vorzeitige Rückzahlung

- Antrag auf Freistellung von der Rückzahlungsverpflichtung

- Antrag auf Teilerlass wegen Kinderbetreuung

- Antrag auf leistungsabhängigen Teilerlass

- Antrag auf studiendauerabhängigen Teilerlass

- Antrag auf Teilerlass wegen politischer Verfolgung

- Mitteilung einer Anschriftenänderung

- Lastschrifteinzugsermächtigung

- Antrag auf Stundung

- Einkommensermittlungsbogen

Seit dem 1. November 2000 können diese zehn Formulare in einem gesicherten Bereich online ausgefüllt und übertragen werden. In keinem Fall wird eine digitale Signatur zur Identifizierung verlangt. Es genügt das Geschäftszeichen der Korrespondenz mit dem BVA (auf dem Rückzahlungsbescheid) sowie die Erklärung (durch Anklicken eines Feldes), dass die Daten vollständig und korrekt sind. Das BVA bewegt sich damit bewusst knapp unter dem Sicherheitsgrad elektronischer Signaturen, bewertet dies aber als ausreichend (SCHÜTZ 2001).

Zusätzlich können die Formulare auch auf dem Bildschirm ausgefüllt und anschließend ausgedruckt werden, um auf dem Postweg ans BVA zu gelangen. Über E-Mail und Telefonkontakt können auch konkrete Fragen an Mitarbeiter der Abteilung IV des BVA gerichtet werden. Informationen zum Rückzahlungsverfahren sowie relevante Gesetzestexte komplettieren das Angebot. Die folgende Abbildung 5 zeigt einen Ausschnitt des BVA-BAföG-Angebotes im Internet mit einem geöffneten Online-Formular.

Abbildung 5: Der *BAföG-online*-Bereich des Bundesverwaltungsamtes

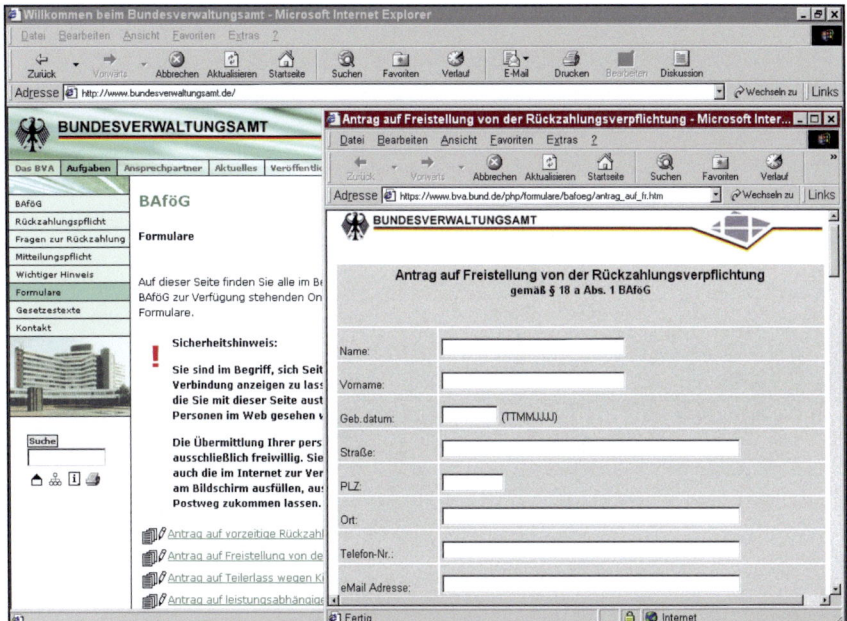

(Quelle: www.bundesverwaltungsamt.de/bafoeg vom 2.12.2001)

Widersprüche gegen den Feststellungs- und Rückzahlungsbescheid nach § 18 (5a) BAföG können jedoch nach der derzeitigen Rechtslage nicht per Internet oder E-Mail eingelegt werden. Gleiches gilt für Widersprüche gegen Entscheidungen, die aufgrund des Antrages getroffen wurden. Zusätzlich sind in einigen Fällen Belege erforderlich, die auf dem Postweg nachgesendet werden müssen. Diese Belege dienen jedoch auch dazu, die Antragsteller genau zu identifizieren. So wird ein Antrag auf Freistellung von der Rückzahlung etwa erst wirksam, wenn die benötigten Belege im BVA eintreffen. Das BVA erwartet jedoch, dass solche Belege zukünftig auch eingescannt und als E-Mail-Attachments zusammen mit dem Antrag versendet werden können (SCHÜTZ 2001).

Seit dem 1. November 2000 gelangten ca. 12.000 Anträge (8%) via Internet zum BVA (PROJEKTGRUPPE BUNDONLINE 2005, S. 51). Die eingehenden Online-Anträge werden direkt von FAVORIT aufgenommen und ins Dokumentenmanagementsystem bzw. ins BVA Office.net integriert. Für die Sachbearbeiter in der BAföG-Abteilung ändert sich demnach nichts am Verfahren. Lediglich die Informationen und Aktualisierungen des WWW-Inhalts werden zukünftig dezentral von Online-Redakteuren der Abteilung IV eingestellt. Entsprechende Schulungen haben bereits im Zusammenhang mit der Entwicklung des Office.net stattgefunden.

Eine Reorganisation der Bearbeitungsprozesse ist nicht vorgesehen, da bei Online-Eingäng-en ohnehin keine Stufe mehr zwischen Sachbearbeiter und Antragsteller steht. Die lücken-lose und medienbruchfreie Bearbeitung hat jedoch den Bearbeitungsprozess beschleunigt und Infrastrukturbereiche entlastet (Prozessoptimierung). In regulären Fällen erhält ein An-tragsteller ca. 30 Minuten nach seiner Sendung den elektronischen Bescheid über E-Mail (Interview: ZUBER). Die folgende Grafik des Bundesverwaltungsamtes illustriert den Prozess:

Abbildung 6: Der *BAföG-online*-Prozess im BVA

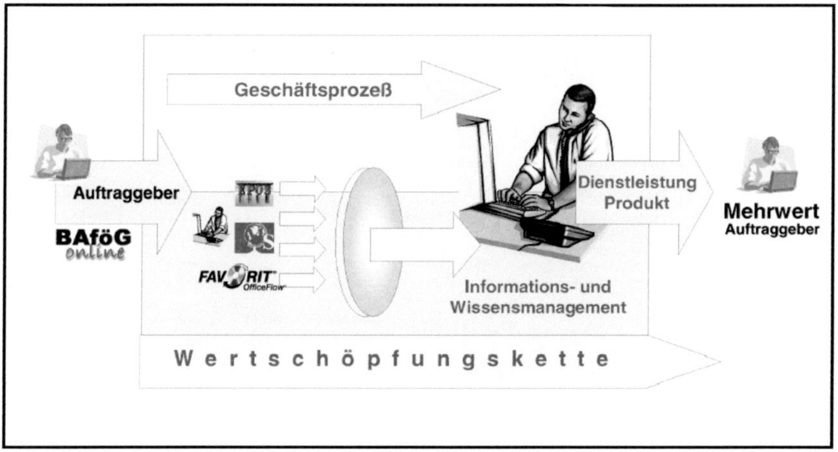

(Quelle: BMI 2001a, S. 52)

Für die Scann-Stelle des BVA sowie für die Postabteilung fällt mit jedem Online-Antrag weni-ger Arbeit an, weshalb hier zukünftig weniger Personal erforderlich sein wird. An Personalab-bau wird jedoch vorerst nicht gedacht. Da durch *Das neue BAföG* mit deutlich mehr Anträgen zu rechnen ist, werden aktuell Mitarbeiter der Registratur und der Scann-Stelle zu BAföG-Sachbearbeitern umgeschult (Mitarbeiterorientierung). Insgesamt wird erwartet, dass stei-gende Fallzahlen mit bestehendem Personal schneller, kostengünstiger und mitarbeiterge-rechter bearbeitet werden können (Wirtschaftlichkeit). Widerstände von Seiten der Mitarbei-ter gegen *BAföG online* oder die eStrategie sind daher bislang ausgeblieben (Interview: ZU-BER).

Kosten- und Leistungsrechnung sowie Controlling messen die Zielerreichung von *BAföG on-line* soweit möglich. Zum Beispiel wird die Anzahl der (erfolgreichen) Klagen gegen Beschei-de erfasst, ebenso sind Durchlaufzeiten der Anträge Controlling-Indikatoren. Auch die Schnelligkeit des Seitenaufbaus sowie das Surfverhalten der Besucher (welche Seiten wer-den häufiger, welche seltener aufgerufen) werden statistisch gemessen. Ein Online-Frage-bogen, der die Zufriedenheit der externen Nutzer mit dem neuen Angebot erfassen soll, ist in

Vorbereitung. Die BAföG-Seite soll zukünftig anhand dieser Informationen kontinuierlich verbessert werden (Qualitätsmanagement).

Die Resonanz derjenigen Seitenbesucher, die eine E-Mail ans BVA gesendet haben, ist bislang weitgehend positiv. Größtenteils enthalten diese Mails Ideen und Vorschläge zur Seitenstruktur und Navigation. Zu Sicherheitsaspekten äußerte annähernd niemand Bedenken. Viel häufiger kommt es vor, dass auch sehr persönliche Sachverhalte in offenen E-Mails an Mitarbeiter der Abteilung IV gelangen. Obwohl die Datensicherheit bei *BAföG online* nicht den Standard der digitalen Signatur erreicht, scheinen sich daraus keine Akzeptanzprobleme für die Inanspruchnahme der Leistungen zu ergeben (Interview: ZUBER).

Die FAVORIT-gestützte Umsetzung von *BAföG online* lässt demnach positive Wirkungen bezüglich der vier Ziele der Balanced Scorecard erkennen. Prozesse sind beschleunigt worden, die Produktivität wurde gesteigert, für Kunden ergibt sich durch einfachere Antragstellung und schnellere Bearbeitung ein Mehrwert und für Mitarbeiter entstehen Aufstiegsmöglichkeiten. Die bisherige Leistung des BVA wurde daher auch von Wissenschaft und Verwaltungspraxis honoriert. Im März 2001 wurde die eStrategie mit dem BAföG-Pilotprojekt im Wettbewerb *eGovernment in Bundes- und Landesverwaltungen* auf der CeBIT von einem unabhängigen Expertenstab als Preisträger ausgezeichnet (BMI 2001a, S.8).

5.3.2   „Das Neue BAföG" des BMBF

Mit der Verabschiedung des geänderten BAföG vom 1. April 2001 startete das Referat für Öffentlichkeitsarbeit des Bundesministeriums für Bildung und Forschung (BMBF) eine Marketingkampagne mit dem Titel: „Das neue BAföG. Einfach – besser – mehr". In diesem Zusammenhang wurden Werbeanzeigen auf Plakaten, in Printmedien sowie in Rundfunkspots geschaltet, in welchen der Sänger und ehemalige BAföG-Empfänger GUILDO HORN für das geänderte Gesetz warb. Pressearbeit, Informationsveranstaltungen und PR erfolgten in Koordination mit dem *Deutschen Studentenwerk* (E-Mail-Befragung: TÖNNISSEN).

Zusätzlich legte das BMBF eine neue und umfangreiche Informationsbroschüre auf (Auflage: 400.000 Exemplare) und richtete gemeinsam mit dem Deutschen Studentenwerk eine gebührenfreie *Telefon-Infoline* ein, die inzwischen ca. 1.000 - 1.500 Anrufe pro Woche zählt (E-Mail-Befragung: TÖNNISSEN). Gleichzeitig wurde im April 2001 unter www.das-neue-bafoeg.de bzw. www.bafoeg.bmbf.de eine neue Internetseite gestartet (Abbildung 7).

Abbildung 7: Das neue BAföG-Portal des BMBF

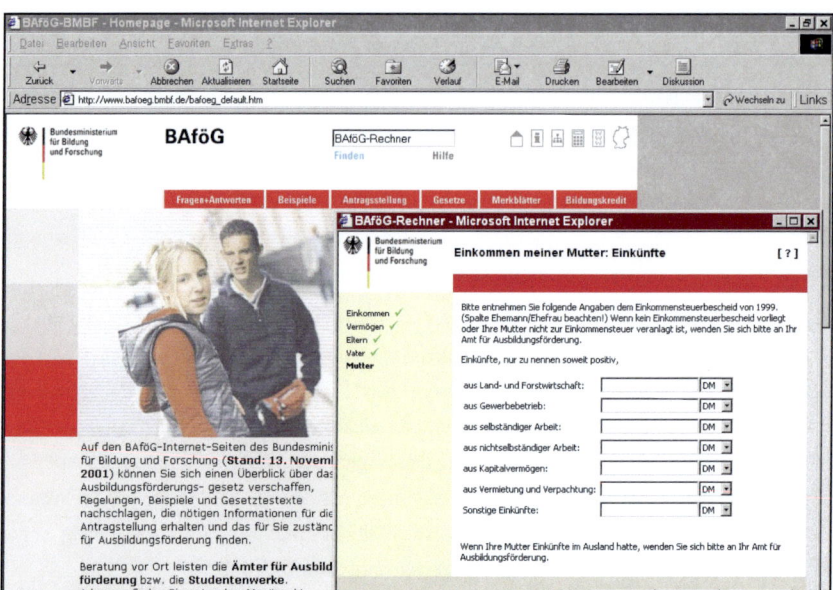

(Quelle: www.bafoeg.bmbf.de/bafoeg_default.htm vom 3.12.2001)

Die neue WWW-Seite ist von der Stuttgarter der Multimedia-Agentur *Informedia* program-
miert worden und verwendet das dezentrale Content Management System *Red Dot* eines
gleichnamigen Unternehmens aus Oldenburg. Über dieses System lassen sich, wie beim
Office.net des BVA, die Seiteninhalte dezentral von Mitarbeitern des Referates 14 (Ausbildungsförderung) der Abteilung III des BMBF aktualisieren, ohne das die Multimedia-
Agentur jedes Mal mitwirken muss (E-Mail-Befragung: TÖNNISSEN).

Neben grundlegenden Informationen und Beispielen, wie sie auch in der neuen Broschüre
enthalten sind, lassen sich auf der Seite Gesetzestexte einsehen und das zuständige Amt für
Ausbildungsförderung anhand einer Suchfunktion finden. Zusätzlich können sämtliche Formblätter für die Beantragung von BAföG, die sich durch die Reform allerdings nicht verändert
haben, von der Seite heruntergeladen werden. Das Ausfüllen der Formulare am Bildschirm
sowie der Online-Versand ans zuständige BAföG-Amt sind jedoch nicht möglich. Insbesondere zum Semesterbeginn im April bzw. September/Oktober hatte das Portal insgesamt bis

zu 22.000 *Page-Impressions*[25] täglich zu verzeichnen. Nach Angaben des BMBF hatte es damit deutlich mehr Zugriff als die Hauptseiten des gesamten Ministeriums bzw. www.bmbf.de (E-Mail-Befragung: TÖNNISSEN).

Um die Hemmungen vor dem bürokratischen Aufwand des BAföG-Antrags zu senken und auf vereinfachte Weise darzustellen, wer Fördermittel erhalten kann, wurde ein neuer *BAföG-Rechner* auf die Internetseiten gestellt. Der Rechner führt schrittweise durch die Eingabefelder des BAföG-Antrags, wobei jedoch nur solche Abfragen erscheinen, die in einem vorherigen Filterverfahren vom Benutzer selektiert wurden. Hat ein Interessent etwa keine Geschwister und ist die Mutter nicht berufstätig, werden Angaben dazu gar nicht erst verlangt. Zusätzlich erscheinen knappe Hilfstexte zu den Eingabefeldern, die im spezifischen Fall auf die persönliche Beratung durch die BAföG-Ämter hinweisen.

Nachdem alle Eingaben gemacht wurden, ermittelt der Rechner sekundenschnell, jedoch unverbindlich die zu erwartende Förderhöhe. Der BAföG-Rechner wurde im Auftrag des Referats für Öffentlichkeitsarbeit des BMBF von der *Datenzentrale Baden-Württemberg* (DZBW) in Stuttgart entwickelt und basiert auf dem Berechnungsverfahren des *Programmierverbundes BAföG* der Bundesländer. Bis zum Oktober 2001 wurden von Seiten-Besuchern mit dem BAföG-Rechner ca. 160.000 Kalkulationen durchgeführt (E-Mail-Befragung: TÖNNISSEN).

Da durch die BAföG-Reform jedoch nichts am Antragsverfahren geändert wurde, kann der Rechner nur ein zuverlässiges Resultat liefern, wenn dem Benutzer alle Daten bekannt und verständlich sind, die auch der herkömmliche BAföG-Antrag verlangt. Auf den WWW-Seiten wird jedoch eine CD-Rom angekündigt, mit welcher es zumindest möglich sein soll, die Anträge am Bildschirm auszufüllen und anschließend berechnen und drucken zu lassen. Das Ausfüllen des Antrags und die Berechnung erfolgen damit in einem Schritt, was beim bisherigen Internetangebot nicht möglich ist. Die CD-Rom hat weiterhin den Vorteil, dass der Antragsteller nicht die ganze Zeit online bleiben muss, während er die vielen Eingaben macht. Auch das Herunterladen der Formulare und Hinweise entfällt. Der fertige Antrag wird jedoch nicht über das Internet ans zuständige BAföG-Amt übermittelt werden können. Ebenso werden die Hilfstexte auf der CD, die während der Eingabe erscheinen, nicht ausführlicher sein als das bisherige, knappe Informationsangebot des Online-Rechners. Immerhin erhofft sich das Referat für Öffentlichkeitsarbeit im BMBF, die Antragstellung zu vereinfachen und damit die Bereitschaft der Anspruchsberechtigten zu erhöhen, tatsächlich einen Antrag zu stellen. Die CD soll im ersten Quartal 2002 kostenlos erscheinen (E-Mail-Befragung: TÖNNISSEN).

---

[25] Page-Impressions liefern ein Maß für die Nutzung unterschiedlicher Seiten eines Gesamtangebots, wobei bei Frame-Seiten (wie in diesem Fall) nur der Erstaufruf des Framesets gezählt wird.

Die Idee des BAföG-Rechners ist nicht neu. Auf dem Studierendenportal ALLSTUDENTS (www.allstudents.de) befindet sich seit Jahren ein Rechner, der jedoch unvollständiger abfragt und weniger korrekt arbeiten soll. Ein weiterer Online-Rechner unter www.bafoeginfo.de basiert auf der Original-Software der Firma *Datagroup*, die von niedersächsischen BAföG-Ämtern bei der Antragsbearbeitung eingesetzt wird. Jedoch ist die Benutzerführung für BAföG-Unkundige umständlich und nicht weniger kompliziert, als ein Antrag in Papierform (LEFFERS, Spiegel Online vom 4.5.2001).

Beim BAföG-Rechner und dem dazugehörige Internetangebot des BMBF erkennt das BAföG-Amt des Studentenwerks Potsdam allerdings kritische Aspekte. Die Informationen zur Bedienung des Rechners etwa seien viel zu spärlich. Dem Anwender würde nicht deutlich genug klar gemacht, welche Angaben die richtigen seien. Zum Beispiel wird nicht erklärt, was er unter *positiven Einkünften* zu verstehen hat und wie diese angegeben werden müssen. Viele Antragsteller nutzen zwar ausgedruckte Online-Formulare und kennen daher die Internetseite, die Fehlerquote der Anträge sei jedoch in keiner Weise zurückgegangen. Häufig erwecke es sogar Unverständnis beim Antragsteller, wenn der Fördersatz auf dem BAföG-Bescheid niedriger ausfalle als er vorher selbst mittels BAföG-Rechner kalkuliert hat. Im Endeffekt lässt sich vom Studentenwerk Potsdam also durch die neue Web-Site kaum effektive Hilfe bei der Antragstellung nachvollziehen. Dass trotzdem mehr Anträge gestellt werden als vorher liege eher an den aufgestockten Mitteln und der üppigen Werbekampagne (Interview: DUCKERSCHEIN).

Für die Sachbearbeiterinnen selbst sind die ausgedruckten Online-Formulare eher hinderlich, weil sie die Ausdrucke der Antragsteller einfarbig sind und meist ungeordnet eintreffen. Die bisherigen Formblätter haben je eine andere Farbe und sind einheitlich gefaltet, weshalb die Durchsicht und Vollständigkeitskontrolle einfacher ist (Interview: DUCKERSCHEIN).

Es kann jedoch festgehalten werden, dass die Verknüpfung von gedruckten Informationen, Online-Service und telefonischen Auskunftsdiensten, welche das BMBF im Zusammenhang mit dem *Neuen BAföG* anbietet, in die Richtung eines integrierten Internetportals mit multidimensionalen Zugangsmöglichkeiten zu Verwaltungsdienstleistungen weist (vgl. Kapitel 3.2.3). Nach Angaben des BMBF wird der Telefonservice insbesondere von Studierenden und deren Eltern genutzt. In ca. 85% der Gespräche findet intensive Beratung statt, die etwa mit der Beratung der BAföG-Ämter verglichen werden kann. Zu Reaktionen und Bewertungen der Adressaten konnten vom Referat für Öffentlichkeitsarbeit des BMBF keine Angaben gemacht werden. Möglicherweise werden Internetseite und Telefonservice nicht systematisch zur Evaluation des Angebots genutzt (E-Mail-Befragung: TÖNNISSEN).

5.3.3 Online-Informationen zum BAföG in Brandenburg

Auf den Internetseiten von Verwaltungseinrichtungen im Land Brandenburg finden sich bislang kaum Informationen zum BAföG:

Das Angebot des MWFK[26] beschränkt sich auf Angaben zum Referat 24, das für die Ausbildungsförderung zuständig ist. Informationen zur Antragstellung, Adressen, Formulare, Links oder nur Mitteilungen über das veränderte BAföG findet man weder in der Suchmaschine noch in den Pressemitteilungen. Das gleiche gilt für die Internetseiten des LDS.[27]

Beim Studentenwerk Potsdam[28] findet man kurze, grundlegende Informationen zur BAföG-Berechtigung sowie zur Antragstellung. Zusätzlich werden die zentrale Telefonnummer und die Öffnungszeiten des Amtes für Ausbildungsförderung angegeben. Da das BAföG-Amt bisher nur über einen einzigen E-Mail-Anschluss verfügt, wird lediglich die zentrale Adresse des Studentenwerks angegeben. Für Informationen zum geänderten BAföG, zu Formularen und Rückzahlung sind Links zur BAföG-Seite des BMBF sowie zum BAföG-Angebot des BVA integriert.

Das Studentenwerk in Frankfurt/Oder[29] bietet darüber hinaus wesentlich detailliertere Informationen, zum Beispiel auch zum Auslandstudium oder zum Fachrichtungswechsel an. Angaben zu Veränderungen durch das Gesetz vom 1. April 2001 sind ebenfalls direkt auf dieser Seite abgebildet. Zusätzlich findet man die Telefonnummern sämtlicher SachbearbeiterInnen sowie eine E-Mail-Adresse für direkte Fragen ans BAföG-Amt. Formulare oder Texte können wie auch beim Potsdamer Studentenwerk nicht heruntergeladen, sondern nur über Link zu BMBF und BVA erreicht werden.

Schülerinnen und Schüler in Brandenburg können die Internetseiten der Kreise und kreisfreien Städte in nutzen, von denen hier jedoch nur das Potsdamer Angebot dargestellt werden soll. Auf den Potsdamer Internetseiten[30] erreicht man ein Bürgerinformationssystem, welches über ein Lebenslagenmodell zu BAföG-Angeboten führt. Dieses Angebot reicht über grundlegende Informationen zur Anspruchsberechtigung kaum hinaus. Es werden lediglich Adressen genannt, wo die Antragsformulare schriftlich bestellt werden können. Auf dem Formularserver Potsdams sind BAföG-Anträge nicht vorhanden. Ebenso fehlen Links zum Formularangebot des BMBF. Für direkte Anfragen wird ein Ansprechpartner mit Telefonnummer und E-Mail-Adresse des Fachbereichs Jugend, Soziales und Wohnen der Potsdamer Stadt-

---

[26] www.brandenburg.de/land/mwfk (14.11.2001)

[27] www.brandenburg.de/lds (14.11.2001)

[28] www.studentenwerk.potsdam.de/bafoeg.html (14.11.2001)

[29] www.studentenwerk.euv-frankfurt-o.de (14.11.2001)

[30] www.potsdam.de/buerger (14.11.2001)

verwaltung genannt. Darüber hinaus erhalten Besucher den Hinweis, dass die Bearbeitung ca. 10 Wochen dauert.

Die Internetangebote zum BAföG in Brandenburg liegen daher maximal auf der untersten Stufe der Virtualisierungsmöglichkeiten (vgl. Kapitel 3.2.2). Die meisten Seiten enthalten lediglich Basisinformationen zum BAföG oder Links zu anderen Anbietern. Kommunikationsmöglichkeiten sind nur teilweise über die Angabe von Telefonnummern oder zentraler E-Mail-Adressen vorhanden, Transaktionsoptionen fehlen gänzlich. Man kann folgern, dass das bisherige Internetangebot brandenburgischer Einrichtungen keinen direkten Beitrag zur Online-Unterstützung des BAföG-Prozesses leistet.

5.4   *BAföG online* II: Möglichkeiten und Probleme der Weiterentwicklung

Insbesondere durch das BMBF und das Bundesverwaltungsamt sind vielfältige Informationsangebote und Hilfen zur (Erst-)Antragstellung von BAföG-Leistungen sowie elektronische Anträge bezüglich der Darlehensrückzahlung im Internet bereits realisiert.

Zur Vervollständigung von BAföG-Dienstleistungen im Internet fehlt bislang aber die Möglichkeit, den Prozess durch einen Online-Antrag auszulösen. Dabei ist die Beantragung von BAföG für die Masse der Auszubildenden von größerer Bedeutung, als Anträge bezüglich der Rückzahlung von Staatsdarlehen an das Bundesverwaltungsamt zu richten. Für sämtliche Schüler etwa, die in Brandenburg den größeren Teil der BAföG-Empfänger ausmachen (Tabelle 8), sind die Angebote des BVA irrelevant, weil Schüler Leistungen nicht in Form von Darlehen erhalten. Wird in der Online-Rückzahlung aber ein Mehrwert für Auszubildende erkannt, muss dieses auch für die (Erst-)Beantragung von BAföG im Internet gelten. Zusätzlich können analog zum Bearbeitungsverfahren im BVA Produktivitätsgewinne in den Ämtern für Ausbildungsförderung erwartet werden, wenn Daten in elektronischer Form eintreffen und direkt weiterverarbeitet werden können.

Nach einer Einschätzung des *Hans-Bredow-Instituts* sind die rechtlichen Voraussetzungen dazu bald gegeben. Nach dem Wortlaut des § 3a des dritten Verwaltungsverfahrensänderungsgesetzes, VwVfGÄndG (Referentenentwurf), ist die Übermittlung elektronischer Dokumente zulässig, soweit technische Möglichkeiten hierfür eröffnet sind (§ 3a (1) VwVfGÄndG). Ebenso kann eine durch Rechtsform angeordnete Schriftform durch die mit einer elektronischen Signatur verbundene elektronische Form ersetzt werden (§ 3a (2) VwVfGÄndG). Nach allgemeiner Meinung soll der neue § 3a VwVfGÄndG die Gleichstellung zwischen Schriftform und elektronischem Antrag im Verwaltungsverfahren ermöglichen, auch ohne dass dies in den Fach- oder Sozialgesetzen und der Abgabenordnung speziell geregelt werden muss. Der neue Paragraph ist demnach eine Art Generalklausel, parallel zur Anpassung im Privatrechtsverkehr (Interview: PÜSCHEL). Nach Angaben des Bundesinnenministeriums sollen die Änderungen im Verwaltungsverfahrensrecht noch vor der Bundestagswahl 2002 erfolgen (BMI 2001b, S. 24).

Im Folgenden soll daher wieder aus der Akteursperspektive nachvollzogen werden, welche Möglichkeiten zur Online-Antragstellung von BAföG-Leistungen erwogen oder aufgrund übergreifender Strategien erwarten werden können. Zusätzlich wird dargestellt, welche Hindernisse die relevanten Verwaltungseinrichtungen dabei identifizieren.

5.4.1 Begrenzte Zuständigkeit im Bundesverwaltungsamt

Da das Bundesverwaltungsamt nur für die Einziehung der Staatsdarlehen zuständig ist, konzentriert sich das bisherige Online-Angebot auch nur auf solche Dienstleistungen, welche die Rückzahlung betreffen. Diese Services sollen jedoch anhand von Mitarbeiter- oder Kundenvorschlägen kontinuierlich verbessert werden. So ist etwa als nächstes ein *Tilgungsrecher* geplant, mit dem der Darlehensnehmer den Schuldenstand einsehen und Veränderungen der Tilgungssumme durch verschiedene Zahlungsraten ausprobieren kann (Interview: ZU-BER).

Aus Sicht des BVA wäre jedoch zunächst ein einheitliches BAföG-Portal wünschenswert, das sämtliche Services von der Antragstellung bis zur Rückzahlung auf einer Plattform anbietet, damit der BAföG-Interessierte sich im Internet nicht durch den gleichen „Behördendschungel" quälen muss wie im realen Leben. Ein solches *One-Stop-Portal* sei ebenfalls für die Realisierung von Online-Erstanträgen im Internet wichtig, da hierbei nur eine koordinierte Lösung rentabel sei. Da sich das BVA als Dienstleistungsbehörde für den öffentlichen Sektor versteht, wäre es denkbar, dass hier einmal ein Betreibermodell entworfen werde. Entsprechende Erfahrungen konnten bereits bei der Realisierung des übergreifenden Behördenportals www.bund.de gewonnen werden, wofür das Bundesverwaltungsamt Koordinationsaufgaben wahrnahm und einen anteiligen Finanzierungsschlüssel erstellte (Interview: ZUBER).

Zur Zeit sei das BVA jedoch mit der Umsetzung und Weiterführung des Office.net ausgelastet. Außerdem fehle bislang ein Auftrag vom BMBF oder dem BMI zur Entwicklung einer Option für ein BAföG-Portal und mangels originärer Zuständigkeit könne man eigenmächtig nicht handeln. Ein solches Projekt sei auch immer abhängig von aktuellen politischen Prioritäten. Da diese im BMI augenblicklich bei der Inneren Sicherheit, sei es unwahrscheinlich, dass aktuell ein eher kleines *BAföG-online*-Projekt auf die Agenda gelange. Da die Antragstellung im Internet über eine zentrale Plattform jedoch mit Kompetenzabgaben der Ämter für Ausbildungsförderung im Online-Service verbunden wäre, sei die Unterstützung der politischen Führung zur Durchsetzung sehr wichtig, um sowohl Ämter als auch Rechenzentren und entsprechende Referate der Landesministerien für die Mitarbeit zu gewinnen (Interview: ZUBER).

5.4.2 BAföG online und BundOnline 2005

Im Rahmen des Modernisierungsprogramms „Moderner Staat – Moderne Verwaltung" entstand mit der Erklärung des Bundeskanzlers vom 18. September 2000, alle internetfähigen Dienstleistungen der Bundesverwaltung bis zum Jahr 2005 online zur Verfügung zu stellen, die Initiative BundOnline 2005. Zwei Kernziele sind mit der Initiative verbunden (BMI 2001b, S. 4):

1. Bürger, Wirtschaft, Wissenschaft und andere Verwaltungen sollen die Dienstleistungen der Bundesverwaltung einfacher, schneller und kostengünstiger in Anspruch nehmen können, um Kundenzufriedenheit sowie den Wirtschaftsstandort Deutschland durch verbesserte Verwaltungsangebote zu fördern.

2. BundOnline 2005 soll Impulse zur Modernisierung der Geschäftsprozesse der Verwaltung entfachen, um flächendeckend Strukturen und Abläufe der Bundesverwaltung zu vereinfachen und durch erhöhte Effizienz Kosten zu sparen.

Die Initiative steht damit in direktem Bezug zu den Prinzipien des Modernisierungsprogramms Moderner Staat – Moderne Verwaltung, die am Ende von Kapitel 2 beschrieben wurden.

Innerhalb der Stabstelle Moderner Staat – Moderne Verwaltung im BMI wurde eine Projektgruppe unter der Leitung von RALF KLEINDIEK mit der Ausarbeitung eines Umsetzungsplans beauftragt, dessen entgültige Fassung am 14. November vom Bundeskabinett bestätigt und am 11. Dezember 2001 der Öffentlichkeit durch eine Live-Übertragung im Internet vorgestellt wurde.[31]

Der Umsetzungsplan hat vorrangig die Funktion, internetfähige Dienstleistungen der Bundesverwaltung zu klassifizieren, technische, rechtliche und finanzielle Rahmenaspekte zu klären und die zukünftige Umsetzung zu koordinieren. Unterstützt von dem Beratungsunternehmen Booz, Allen & Hamilton führte die Projektgruppe eine umfassende Erhebung mittels Fragebögen und Interviews in der Bundesverwaltung durch und identifizierte in 107 Bundesbehörden insgesamt 376 onlinefähige Services (KLEINDIEK 2001).

Im Vordergrund stehen jedoch nicht separate Teilschritte des Verwaltungshandelns, sondern eine nutzenorientierte Sicht auf Dienstleistungen als vollständige, medienbruchfreie Abwick-

---

[31] www.bundonline2005.de/de/bilanz/umsetzungsplan/umsetzungsplan/index.html (11.12.2001)

lung eines Prozesses für interne und externe Kunden (PROJEKTGRUPPE BUNDONLINE 2005, S. 12). Die Projektgruppe prognostiziert dabei, dass durch BundOnline 2005 eine „... flächendeckende Vereinfachung von Strukturen und Abläufen der Bundesverwaltung erreicht werden kann" (ebd., S. 4).

Um dabei jedoch inkompatible Insellösungen und Doppelarbeit zu vermeiden, soll der Plan eine gemeinsame Realisierung durch die Bundesverwaltung fördern, zu zentraler Koordination und dezentraler Implementation führen. Dazu werden ressortübergreifende organisatorische Strukturen vorausgesetzt, welche durch die Projektgruppe geschaffen werden sollen (ebd., S. 5f). Bisher ist dazu eine neue Stabstelle im BMI für IuK-Entwicklung im Aufbau, ebenso werden Kompetenzzentren zur Produktion von übergreifendem Know-how unter Einbeziehung der Länder und Kommunen empfohlen (ebd. S. 38). Im Endeffekt sollen die Online-Dienstleistungen des Bundes in ein Portal, wahrscheinlich www.bund.de, benutzerfreundlich integriert werden. Der Finanzbedarf bis zum Jahr 2005 wird von der Projektgruppe grob auf € 1,65 Mrd. geschätzt, wobei auf der anderen Seite Kosteneinsparungen und Produktivitätsgewinne von bis zu € 200 Mio. jährlich kalkuliert werden (KLEINDIEK 2001).

Ein großes Hindernis zum erfolgreichen *BundOnline 2005* erkennt Projektleiter KLEINDIEK jedoch in der mangelnden Verbreitung der digitalen Signatur, die zu vielen Bürgern noch zu teuer sei oder zu wenig zusätzliche Anwendungsmöglichkeiten biete. Neben weiteren Initiativen, Signaturkarten flächendeckend zu vertreiben, müsse daher auch dringend geprüft werden, in wie vielen Fällen Signaturen tatsächlich zwingend notwendig seien (ebd.).

Schon kurz nach der Erklärung des Bundeskanzlers wurde das *BAföG-online*-Projekt des BVA als Modellprojekt für die Initiative BundOnline 2005 genannt (SCHRÖDER 2001, S. 12; ZYPRIES 2001b, S. 2). Im Sinne der nutzenorientierten Dienstleistungsperspektive und der Vollständigkeit der Prozessabwicklung wird der Anstoß zur Weiterführung der elektronischen Rückzahlung bis zur Online-Antragstellung von BAföG-Leistungen im Internet ebenfalls als Aufgabe der Initiative erkannt (O: BURY 2001, S. 10f). Auch nach Informationen der Projektgruppe der BMI-Stabstelle wird die Antragstellung von BAföG im Internet und die integrierte Darstellung aller BAföG-Angebote auf einer Plattform als konsequente Anwendung des Umsetzungsplans verstanden (KLEINDIEK 2001). Zusätzlich sollten interne Medienbrüche, wie etwa der Magnetbandversand von den Landesrechenzentren zum Bundesverwaltungsamt, künftig durch verbesserte Koordination vermieden werden.

Das Bundesministerium für Bildung und Forschung selbst hat für den Umsetzungsplan die „Vergabe von Förderungen" als potenzielle Online-Dienstleistung angegeben (O: PROJEKTGRUPPE BUNDONLINE 2005, S. 65f). Eine Anfrage beim entsprechenden Referat für Öffentlichkeitsarbeit ergab jedoch, dass bislang die Online-Beantragung von BAföG durch Initiative des BMBF nicht vorgesehen sei. Auch der BAföG-Rechner ist nicht als Einstieg in die elektronische Antragstellung zu verstehen und gehört in diesem Sinne auch nicht zur BundOn-line-Initiative. Auch zwischen dem Angebot des BVA und dem BAföG-Rechner bestehe kei-nerlei Zusammenhang. Das BMBF-Referat betrachtet den BAföG-Rechner lediglich als Ser-vice-Angebot im Rahmen der Öffentlichkeitsarbeit, nicht als Modernisierungsbeitrag. Beim BAföG-Vollzug verweist das BMBF auf die Kompetenz der Bundesländer, die in eventueller Kooperation mit den Studentenwerken die flächendeckende, elektronische Antragstellung initiieren müssten (E-Mail-Befragung: TÖNNISSEN).

Doch von der Datenzentrale Baden-Württemberg (DZBW), die den BAföG-Rechner für das BMBF entwickelt hat, ist Anderes zu erfahren. Denn hier werden bereits, in Abstimmung mit BundOnline 2005 sowie dem BVA, technische Skizzen eines verbesserten Online-Rechners unter dem Namen *BAföG 21* entworfen. Mit diesem neuen BAföG-Rechner könnte die An-tragstellung komplett im Internet bewerkstelligt werden (Abbildung 8).

Abbildung 8: Vereinfachte technische Skizze des Online-BAföG-Antrags

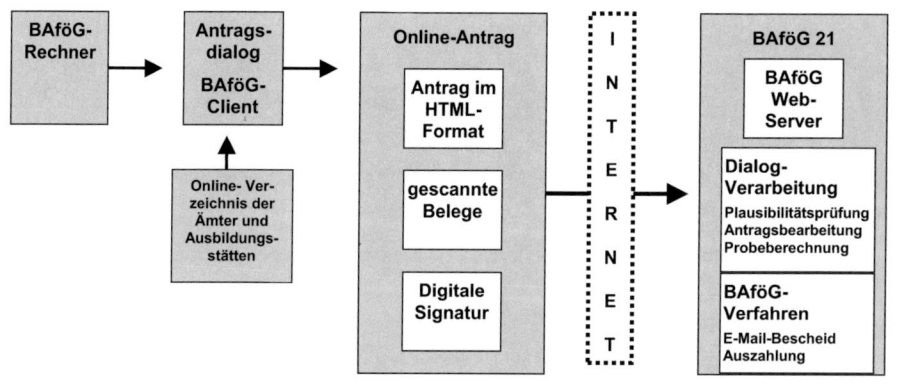

(Eigene Darstellung nach Informationen der Datenzentrale Baden Württemberg, UWE PFEIFER)

Das Verfahren baut demnach auf dem bisherigen BAföG-Recher auf und übermittelt die sig-nierten Daten sowie gescannte Belege an die zuständigen Ämter, wo sie direkt am Bild-schirm bearbeitet werden sollen, um danach in den üblichen Bearbeitungsprozess zu ge-langen. Die DZBW prüft zur Zeit, ob nach der Identifizierung des Antragstellers die übrigen Informationen (insbes. Einkommensdaten) nicht auch von den BAföG-Ämtern online bei den Finanz- oder Einwohnermeldeämtern abgerufen werden können. Damit wäre der Auszubil-dende direkt entlastet und kann bei der Antragstellung erheblich Zeit sparen. Zusätzlich wird sich der BAföG-Interessierte jederzeit über den Bearbeitungsstand und ausgezahlte Förder-summen online informieren können. Die BAföG-Ämter können die Anträge schneller bearbei-ten, weil die Daten direkt in elektronischer Form eintreffen. Auch die papierlose Archivierung trägt zur Zeitersparnis bei. Ob bei einem elektronischen Abgleich mit Einwohnermeldedaten und anderen Informationen das bisherige Vier-Augen-Prinzip noch beibehalten werden müsste, ist noch zu klären. Möglicherweise genügt in diesem Zusammenhang die einfache Freigabe. Ein Pilotprojekt in einem baden-württembergischen Studentenwerk könnte nach Einschätzung der DZBW im Oktober 2002 beginnen. Nach einem Testlauf könne das Verfahren über den Programmierverbund BAföG auch auf andere Länder übertragen werden (E-Mail-Befragung: PFEIFER).

Wie bereits erläutert, konnte das Referat für Öffentlichkeitsarbeit des BMBF keine Angaben zu diesem Projekt geben. Die Ursache dafür mag darin bestehen, dass hier zwar die Zuständigkeit für den *BAföG-Rechner* liegt, jedoch nicht die Zuständigkeit für *BAföG* oder Aufgaben der *Verwaltungsmodernisierung*. Entsprechend seines Aufgabenbereichs startete dieses Referat eine Marketingkampagne und koordinierte seine Marketingaktionen dabei mit den Studentenwerken. Die hohen Zugriffswerte der Website sowie die steigenden Zahlen der BAföG-Anträge lassen für einen Erfolg der Kampagne sprechen. Da die E-Government-Potenziale hier jedoch anscheinend nicht berücksichtigt oder erkannt wurden, traten Koordinations- und Kooperationsdefizite zwischen BMBF und BAföG-Ämtern bzw. Rechenzentren schon bei der Entwicklung des ersten BAföG-Rechners auf. Ebenso wird die Benutzerreaktion lediglich aus der Marketingperspektive erhoben, nicht aber zur Angebotsverbesserung. Insgesamt geht damit Modernisierungspotenzial verloren.

5.4.3 E-Government-Initiative des Landes Brandenburg

Grundlage der folgenden Darstellung ist der Entwurf einer Kabinettvorlage des Chefs der Staatskanzlei des Landes Brandenburg, RAINER SPEER, sowie des Ministers des Innern, JÖRG SCHÖNBOHM, vom 11. Oktober 2001 (Staatskanzlei / Ministerium des Innern des Landes Brandenburg, 2001).

Die Landesregierung Brandenburg hat früh begonnen, die Möglichkeiten des Internets zu nutzen. Bereits 1996 wurde unter der Domain www.brandenburg.de eines der ersten Landesportale eröffnet. Durch weitere Projekte, zum Beispiel die *Brandenburger Informationsstrategie 2006* zur Gestaltung einer vernetzten Informationsgesellschaft in Brandenburg, sollten Potenziale weiterentwickelt und flächendeckend verbreitet werden (REICHE 1998, S. 2f).

Im Jahr 2001 wurde auf der Führungsebene jedoch erkannt, dass Brandenburg mit den neu gestarteten E-Government-Strategien des Bundes sowie anderer Bundesländer nicht mithalten konnte und zum Nachzügler geworden war. Daher beauftragte der Staatssekretärsausschuss für Verwaltungsoptimierung (AVO) Brandenburgs im Sommer 2001 die Stabsstelle für Verwaltungsmodernisierung der Staatskanzlei und das Ministerium des Innern (MI), eine Kabinettvorlage mit dem Titel *eGovernment-Initiative des Landes Brandenburg* zu entwerfen.

Seit dem 11. Oktober 2001 liegt ein erster detaillierter Entwurf vor, der jedoch noch nicht beschlossen ist.

Im Wortlaut der Kabinettvorlage bekennt sich Brandenburg zum „Leitbild des eGovernment", das der Verwaltungsmodernisierung einen neuen Schub und neue Perspektiven verleihe:

„Ziel muss sein, unter dem Leitbild eGovernment einerseits die Verwaltungsmodernisierung ressort- und behördenübergreifend voranzutreiben und andererseits eine für die Bürger ort- und zeit-unabhängige interaktive Verwaltung aufzubauen". (Staatskanzlei / Ministerium des Innern des Landes Brandenburg, 2001, S. 2)

Modernisierungspotenziale werden dabei in der umfassenden Effizienzsteigerung innerhalb der Verwaltung sowie in der Verbesserung der Dienstleistungsqualität für Bürger und Unternehmen erkannt. Als langfristige Folge bzw. *Outcome* werde sich Brandenburg dadurch im Standortwettbewerb um Unternehmensansiedelungen und Arbeitplätze besser positionieren können.

Gemäß der Kabinettvorlage haben die vielen Aktivitäten in brandenburgischen Behörden zur intensiveren Nutzung von Internettechnologien bisher weitgehend isoliert, ohne wechselseitige Information, Koordination und Kooperation stattgefunden. Im Strategieentwurf werden daher ein Rahmenkonzept zum Aufbau einer einheitlichen technischen Infrastruktur und ein Organisationskonzept für ein koordiniertes Vorgehen beim Aufbau von E-Government in Brandenburg vorgestellt.

In dem Rahmenkonzept wird ausdrücklich zum Ziel erklärt, alle relevanten Verwaltungsdienstleistungen des Landes Brandenburg bis 2006 auch online bereit zu stellen. Eine vollständige und durchgängige Digitalisierung aller Unterlagen des Verwaltungshandelns, auch das nachträgliche Scannen aller vorliegenden Dokumente, ist dabei ein Erfordernis (Staatskanzlei / Ministerium des Innern des Landes Brandenburg, 2001, Anlage 1). Neben der integrierten Harmonisierung und Vernetzung der technischen Komponenten sollen von Anfang an auch die Geschäftsprozesse kritisch überprüft und optimiert werden, um Effizienzsteigerungen zu erreichen. Durch Rechtsanpassungen sind die entsprechenden Voraussetzungen für elektronische Verwaltungsverfahren im Land und auf kommunaler Ebene zu schaffen. Schließlich sollen die neuen Online-Dienste auf Verwaltungsportalen für alle Mitarbeiter der Landesverwaltung (*Landesintranet*) sowie Bürger und Unternehmen (*Landesportal* mit Lebenslagen und Wirtschaftsdaten) bereitgestellt werden.

Der erste Schritt erfolgte bereits mit einer umfassenden Bestandsaufnahme des Dienstleistungsportfolios der Behörden und der verwendeten IuK-technischen Infrastruktur. Ähnlich wie bei BundOnline 2005 wurde dabei mit der Beratungsgesellschaft *Booz, Allen & Hamilton* zusammengearbeitet. Die Erhebung erfolgte analog mit Fragebögen und Interviews in größeren Verwaltungseinrichtungen des Landes.

Auch das Referat 24 des brandenburgischen MWFK erreichten solche Fragebögen, von denen einer zur „Durchführung des BAföG" ausgefüllt wurde (der ausgefüllte Fragebogen liegt dem Autor vor). Unter anderem wird vom Referat 24 darin der BAföG-Vorgang zum Kunden hin als sehr erklärungs- und beratungsintensiv eingestuft, sowie intern als hoch standardisiert und automatisiert. Der entsprechende Einsatz von PCs und EDV wird dabei nur sehr marginal (drei Stichworte) beschrieben. Bemerkenswerterweise werden im Fragebogen lediglich die Ämter für Ausbildungsförderung als Vorgangsbeteiligte genannt, Teilaufgaben des MWFK, des LDS oder der Hauptkasse im Prozess finden keine Erwähnung. Entsprechend werden auch nur ein bis zwei Mitarbeiter gezählt, die mit dem einzelnen BAföG-Vorgang befasst sein sollen. Eine Frage nach Vereinfachungsmöglichkeiten für den Kunden durch *Vorabinformationen* wird damit beantwortet, dass dies „nur durch Erläuterungen und Ausfüllvorschriften" möglich sei. Ebenso hänge es von der Mitwirkungsbereitschaft der Antragsteller ab, wie häufig Rücksprachen zwischen Bürger und Behörde notwendig seien.

Abschließend befinden sich im Fragebogen vier Felder, um den aktuellen Informatisierungsgrad zum Bürger hin (G2C) bzw. innerhalb der Verwaltung (G2G) zu erfassen. Keine dieser Fragen wurde beantwortet, obwohl zumindest bezüglich der internen IuK-Ausstattung Angaben möglich wären (z.B. PC-Einsatz bei der Datenerfassung, Datentransfer über das Landesverwaltungsnetz, mangelnde E-Mail-Anschlüsse bei den BAföG-Ämtern etc.). Am Rand wurde lediglich der Hinweis notiert, dass durch das BMBF die „Antragstellung" vorbereitet werde und das dorthin ein Link vom WWW-Angebot des MWFK gelegt werden könne. Wie in Kapitel 5.4.2 geschildert, konnte vom Referat für Öffentlichkeitsarbeit des BMBF nicht bestätigt werden, dass am *Online-Antrag* gearbeitet werde sondern lediglich an einem *Offline-BAföG-Rechner* auf CD-Rom. Von Vorhaben der Datenzentrale Baden-Württemberg war im Referat 24 des MWFK nichts bekannt. Vielmehr kommentierte man diese Information damit, dass sich die DZBW lieber um ihre *eigentlichen* Aufgaben kümmern solle (Interview: LUDWIG).

Als große Hindernisse für die Online-Beantragung von BAföG erkennt das MWFK zunächst, dass bis zu fünf Unterschriften notwendig seien, um den Antrag rechtskräftig zu machen. Es sei jedoch nicht absehbar, wann digitale Signaturen derart verbreitet seien, dass jeder Antragsteller sämtliche benötigten Unterschriften auch digital einholen könne. Zusätzlich sei der BAföG-Antrag derart kompliziert, dass die überwiegende Mehrheit kaum alleine in der Lage sei, einen richtigen Antrag zu stellen. Beide Probleme seien nur durch eine Gesetzesänderung zu beseitigen, die eine starke Vereinfachung und Verschlankung des Prozesses zur Folge haben müsste. Da es sich beim BAföG jedoch um ein Bundesgesetz handle, könne Brandenburg allein wenig dazu beitragen. Für eine Lösung, die sich dem vorhandenen Prozessverlauf anpasst, fehlen in Brandenburg die Mittel. Aus finanziellen Gründen sei es nicht einmal möglich, die Ämter für Ausbildungsförderung in Brandenburg vollständig ans Internet anzuschließen (Interview: LUDWIG). Auch die BAföG-Sachbearbeiterinnen des Studentenwerks Potsdam, welche die meisten Anträge in Brandenburg bearbeiten, verfügen nicht über Internetanschlüsse und eigene E-Mail-Adressen (Interview: DUCKERSCHEIN).

Andererseits schätzt das Referat 24 des MWFK ein, dass mit den vorhandenen Gremien, insbesondere dem *Programmierverbund BAföG* und den vorgesetzten *Obersten Bundes- und Landesbehörden BAföG*, die nötigen Koordinationsstrukturen bestünden, um einen Realisierungsvorschlag vorzubereiten, abzustimmen und kooperativ umzusetzen. Dafür, dass ein solcher Vorschlag aus Brandenburg kommen könnte, lassen sich momentan keine Hinweise finden.

Zunächst ist demnach vom MWFK für den Online-BAföG-Antrag trotz eGovernment-Initiative kein Engagement zu erwarten, da bereits bei der Bestandsaufnahme wichtige Informationen untergehen und die Verantwortung höheren Ebenen bzw. anderen Gremien zugeordnet wird. Es muss jedoch auch bemerkt werden, dass durch Initiativen des MWFK das aktuelle telekooperative Bearbeitungsverfahren intern laufend modernisiert wurde. Das Referat 24 steht Online-BAföG-Anträgen nicht ablehnend gegenüber, man hält die rechtlichen und finanziellen Hindernisse jedoch für so gravierend, dass in nächster Zeit kein Resultat zu erwarten sei. Lösungsvorschläge oder Initiativen in entsprechende Führungsbereiche oder zentrale Gremien unterblieben bisher. Auch in eigener Verantwortung wurde bislang nichts unternommen, um einem Online-Antrag näher zu kommen. So enthält etwa die neue Software *proBAföG* nach Informationen des Herstellers keine Schnittstelle, um Daten online empfangen zu können. Technisch sei dies zwar möglich, die Software müsse dafür aber erheblich geändert werden, da diese Option bei der ursprünglichen Entwicklung nicht einkalkuliert wurde.[32]

Da nach dem (vorläufigen) Organisationskonzept der Brandenburger eStrategie grundsätzlich den Ressorts die Durchführung von E-Government-Vorhaben in ihrem Bereich zugeordnet wird, hängt es von der Bereitwilligkeit des MWFK ab, ob und in welchem Ausmaß *BAföG online* als internetfähige Dienstleistung klassifiziert wird und damit überhaupt erst ins Aufmerksamkeitsfeld der zentralen Landesgremien gelangt. Nach den Erkenntnissen dieser Fallstudie zeichnet sich aktuell maximal ab, dass zukünftig auf dem Landesportal Informationsmöglichkeiten geschaffen werden, die dem Angebot der Seite www.das-neue-bafoeg.de entsprechen. Doch selbst dahingehend sind kaum Hinweise auszumachen, da bislang lediglich Links auf das Portal des BMBF vorgeschlagen wurden.

Zusätzlich erscheint es problematisch, dass die E-Government-Initiative des Landes durch das MWFK nicht genutzt wird, um eventuelle Optimierungen im bestehenden BAföG-Prozess

---

[32] Diese Informationen entstammen einem Telefongespräch mit Frau Käppler, Statistisches Landesamt des Freistaates Sachsen (17.12.2001)

auf die Reformagenda zu bringen. Obwohl die Antragszahlen steigen, weshalb zum Teil mehr Stellen zur Sachbearbeitung beantragt wurden, wird die Modernisierungsinitiative nicht als Chance aufgefasst, in Zusammenarbeit mit zentralen Gremien sowie externen Beratern weitere Optimierungsreserven zu erschließen. Aber ohne die Mitwirkung und Initiative der beteiligten Einrichtungen (MFWK, LDS, BAföG-Ämter) können sich Effizienzsteigerungen und Verbesserungen der Dienstleistungsqualität im BAföG-Prozess nicht ergeben. Inkompatible Insellösungen und Medienbrüche, wie bei der Einführung des Datenerfassungsprogramms *proBAföG*, werden sich durch eine zu separierte Betrachtung des Prozesses kaum vermeiden lassen.

TEIL III

6. Schlussfolgerungen für eine E-Government-Verwaltungsmodernisierung

Im ersten Teil dieser Arbeit wurde gezeigt, dass Verwaltungsmodernisierungen anhand von Charakterisierungsmerkmalen (Impulse, Diskurse, Strategien) zeitlich und inhaltlich als Reformphasen bzw. Reformwellen dargestellt werden können. Anschließend wurde beschrieben, wie sich durch die Annäherung und Integration von Aspekten der Verwaltungsreform und der IuK-Technik Electronic Government entwickelte. Umfassende strategische Initiativen auf Bundes-, Länder- und Kommunalebene lassen E-Government inzwischen als neue Modernisierungsphase bzw. gar als Reformwelle erscheinen.

Zusätzlich wurde angeführt, dass sich erfolgreiche Implementation von Verwaltungsreformpolitik kaum auf eine allgemeine Theoriebasis stützen kann. Analog gilt dies auch für die Verwaltungsreform nach dem Konzept des E-Government. Durch Fallstudien lassen sich Potenziale und Probleme in dynamischen Prozessen jedoch detailliert nachvollziehen, wodurch die Anforderungen für eine erfolgreiche Implementation im speziellen Fall realistischer eingeschätzt werden können.

In diesem Teil wird es daher darum gehen, die Ergebnisse der Fallstudie zu *BAföG online* zusammenzufassen und die Erfolgsanforderungen im Lichte der E-Government-Modernisierung zu diskutieren. Anschließend soll erwogen werden, welche generellen Schlüsse der Fallstudie für Verwaltungsmodernisierungen nach E-Government lohnenswert sein können.

6.1   Zusammenfassung und Interpretation der Fallstudie

Die Modernisierungspotenziale, die im Zusammenhang mit den E-Government-Vorhaben des Bundesverwaltungsamtes, von BundOnline 2005 sowie der Landesregierung Brandenburgs genannt wurden, sind im Kern bei allen Akteuren identisch. In jeder Strategie stehen erstens die *Verbesserung der Dienstleistungsqualität* zum Kunden hin sowie zweitens *Effizienzsteigerungen durch optimierte Kommunikations- und Geschäftsprozesse* im Binnenbereich der Verwaltung im Vordergrund. Auch wenn lediglich das Bundesverwaltungsamt diese Ziele für seine BAföG-Aufgaben konkretisiert hat, so kann man gewiss davon ausgehen, dass auch die anderen Akteure diese Potenziale bezogen auf die Online-Unterstützung des BAföG-Prozesses nicht abstreiten. Diese Erwartungen lassen sich ebenfalls in eine Parallelität mit den E-Government-Potenzialen im generellen wissenschaftlichen und verwaltungspraktischen Diskurs bringen, die in Kapitel 3.3 aufgeführt wurden.

Es wurde gezeigt, dass *BAföG online* im Bundesverwaltungsamt diese Modernisierungsziele in seinem Geschäftsbereich im Wesentlichen verwirklicht hat, da in allen Bereichen der Ba-

lanced Scorecard positive Effekte registriert wurden. Im Sinne einer gesteigerten Benutzer-
freundlichkeit könnten diese Angebote zukünftig jedoch auf einem einheitlichen BAföG-Portal
mit Services anderer Behörden integriert werden.

Bezüglich der Online-Beantragung von BAföG-Leistungen wurde inzwischen ein technisches
Konzept in der Datenzentrale Baden-Württemberg skizziert, dass ebenfalls explizit die beiden Kernziele anstrebt.

Die bisherigen BAföG-Angebote des BMBF, des brandenburgischen MWFK oder der Ämter
für Ausbildungsförderung im Internet tragen bislang kaum zur Realisierung der strategischen
Potenziale bei. Das BAföG-21-Projekt der Datenzentrale BW wurde im brandenburgischen
MWFK sowie im Referat für Öffentlichkeitsarbeit des BMBF bislang für den eigenen Bereich
nicht als relevant erachtet. Statt einer koordinierten Entwicklung, die ein *One-Stop-Portal* mit
allen Informationen, Dienstleistungen und Links zum BAföG hervor bringen könnte, existie-
ren eher separate Insellösungen. So finden sich etwa auf den neuen BAföG-Seiten des
BMBF generelle Informationen zur Darlehensrückzahlung sowie eine Linkliste, jedoch kein
Hinweis und keine Verbindung zu den neuen Angeboten des Bundesverwaltungsamtes. Auf
dem Behördenportal des Bundes[33] hingegen sind zwar Verweise zu den wichtigen BAföG-
Beteiligten enthalten, jedoch keine generellen Informationen zum BAföG. Durch abgegrenzte
Zuständigkeit und Verantwortung sind daher Dienstleistungsgrenzen beim BAföG im Internet
mit den Behördengrenzen weitgehend identisch. Die Koordinationsüberlegungen der Projektgruppe BundOnline 2005 (zum Beispiel: Kompetenzzentren) könnte die Problematik der Insellösungen entschärfen, etwa indem detaillierte Fallstudien zu übergreifenden Verfahren
Prozess- und Medienbrüche untersuchen und die Ergebnisse den Beteiligten auf allen Ebenen kommunizieren.

Gemäß den vorgestellten E-Government-Initiativen sollten Auszubildende bis spätestens
2005 (BundOnline) bzw. 2006 (Brandenburg) vollständige und integrierte BAföG-Dienstleistungen im Internet erwarten können.

Ein erstes Hindernis besteht allerdings schon in der Infrastruktur, da fünf der 20 Ämter in
Brandenburg keinen Anschluss ans Internet haben. Auch die Sachbearbeiterinnen in den
brandenburgischen Studentenwerken verfügen bislang nicht über eigene E-Mail-Adressen,
so dass die direkte elektronische Kommunikation (z.B. bei Korrekturaufforderungen) mit dem
Antragsteller unmöglich ist. Entsprechend der Initiative *Schulen ans Netz* der Bundesregierung wäre daher eine Initiative *Ämter ans Netz* der Landesregierung Brandenburg die erste
Voraussetzung für ein vollständiges *BAföG online*. Da im Fragebogen, der vom MWFK-Re-
ferat 24 für die Brandenburger E-Government-Strategie zu *BAföG online* ausgefüllt wurde,

---

[33] www.bund.de/Gut-zu-Wissen/Bildung-und-Ausbildung (16.12.2001)

dazu jedoch keine Informationen abgegeben wurden, ist es fraglich, wie der Staatssekretärsausschuss für Verwaltungsoptimierung (AVO) über diese Problematik informiert werden soll. Denn die Studentenwerke etwa haben bisher keinen derartigen Fragebogen erhalten. Auch wenn E-Government inzwischen zur „Chefsache" (SCHRÖDER 2001, S. 14) erklärt wurde, kann ohne die Mitwirkungsbereitschaft und Mitwirkungsfähigkeit unterer Ebenen in der Chefetage nicht gesehen werden, was im Detail von Nöten ist.

Zu den finanziellen Problemen in Brandenburg beim Ausbau der Infrastruktur ist Folgendes zu bemerken: BAföG online wird zumindest im MWFK nicht als Investition begriffen, sondern zunächst als Geldverzehr. Wenn jedoch zusätzliche Stellen (allein zwei wurden vom BAföG-Amt des Studentenwerks Potsdam beantragt) wegen steigender Fallzahlen in Betracht kommen, könnte zumindest geprüft werden, ob diese Mittel im Infrastrukturausbau nicht besser investiert wären. Wenn es im BVA möglich war, durch integrierten IuK-Einsatz mit gegebenen Personalressourcen höhere Fallzahlen zu bewältigen, kann dies theoretisch auch bei den BAföG-Ämtern erreichbar sein. Die Datenzentrale Baden-Württemberg rechnet bei ihrem BAföG-21-Entwurf ebenfalls mit entsprechenden Rationalisierungseffekten. Hinzu käme, dass solche Investitionen nachhaltiger wirken als Erweiterungen der Personalkapazitäten, da Lern- und Synergieeffekte zur Übertragung auf ähnliche Dienstleistungen auftreten können, z.B. für die Online-Beantragung von Wohngeld.

Als nächste Hürde wurde die mangelnde Verbreitung von elektronischen Signaturen erkannt. Nach Ansicht des MWFK sowie des Studentenwerks Potsdam (Interview: LUDWIG; Interview: DUCKERSCHEIN) kann beim BAföG-Antrag nicht auf die eindeutige Identifikation des Antragstellers sowie seiner Angehörigen verzichtet werden. Im Falle des Verdachts der Erschleichung von Sozialleistungen darf es für den Antragsteller keine Abstreitungsmöglichkeit geben, dass diese Angaben tatsächlich von ihm gemacht wurden. Beim Bundesverwaltungsamt können jedoch ähnlich geldwirksame Anträge (z.B. auf Teilerlass des Darlehens) auch ohne Signaturen online eingehen. Da im bisherigen BAföG-Verfahren neben den Formblättern auch zahlreiche Belege einzusenden sind, kann die Identität des Antragstellers zumindest mit relativer Sicherheit festgestellt werden. Nach Ansicht des BVA ist dieser Sicherheitsgrad zwar niedriger als bei der digitalen Signatur, jedoch ausreichend.

Bescheinigungen der Ausbildungsstätte etwa könnten nach wie vor mit den übrigen Belegen auf dem Postweg nachgesendet werden oder von entsprechender Stelle mittels E-Mail eingehen. Schon heute werden diese Bescheinigungen nach § 9 BAföG von der Universität Potsdam maschinell erstellt und nicht signiert. Formblatt 2 ist für Studierende in Potsdam demnach bereits überflüssig. Auch für Formblatt 3 (Angehörige) sieht das BAföG nicht explizit die Unterschrift vor, sondern nur, dass nach § 60 des Ersten Buches Sozialgesetzbuch die benötigten Tatsachen und Nachweise vorzulegen sind. Geht man davon aus, dass der

Antragsteller diese sehr persönlichen Daten (Einkommens-, Vermögens-, Rentenangaben sowie entsprechende Belege) nur durch die Mitwirkung der Angehörigen erhalten kann, wären die Unterschriften und damit Signaturen auch auf Formblatt 3 hinfällig. Zusätzlich besteht für die Ämter die Möglichkeit, die Richtigkeit dieser Angaben durch eine Anfrage bei den Finanz- und Einwohnermeldeämtern zu überprüfen, wenn ein Anfangsverdacht besteht. Bei der Übertragung von Online-Anträgen wäre demnach nur die Verschlüsselung, nicht zwangsläufig auch die elektronische Signatur erforderlich. Das Hindernis der mangelnden Verbreitung von Signaturkarten und Lesegeräten sowie die umständliche Einholung der Unterschriften würde damit deutlich an Schärfe verlieren. Da die Datenzentrale Baden-Württemberg das Verfahren in dieser Richtung überprüfen möchte, ist eine entsprechende Lösung zumindest nicht unwahrscheinlich.

Dennoch bleibt das Problem, dass sich das bisherige Verfahren insgesamt für den Antragsteller sehr kompliziert und umständlich offenbart. Selbst wenn der gegenwärtige Antrag wie nach dem BAföG-21-Modell der DZBW online übertragen werden könnte, würde das Ausfüllen unverändert schwierig bleiben. Entsprechend wird vor allem der bürokratische Aufwand dafür verantwortlich gemacht, dass bis zu 90% der Anträge unkorrekt eingehen und viele Anspruchsberechtigte vollständig auf BAföG-Leistungen verzichten. Es wurde gezeigt, dass die neuen Online- und Telefon-Hilfen des BMBF zum BAföG-Verfahren bislang kaum dazu beitragen, diese Problematik zu beseitigen. Statt benutzergerechte Informationen im Detail zu liefern, wird im bisherigen BAföG-Rechner eher auf die persönliche Beratung durch die lokalen Ämter verwiesen.

Im brandenburgischen MWFK sowie im Studentenwerk Potsdam wird daher die Ansicht vertreten, dass nur eine Vereinfachung im BAföG-Verfahren durch eine strukturelle Reform der Ausbildungsförderung Abhilfe schaffen könne und damit auch die Realisierung der Online-Antragstellung deutlich erleichtere.

In den 21 Änderungen des BAföG seit 1971 war bisher keine Strukturreform möglich. Dabei mangelte es nicht an Vorschlägen, die insbesondere das Studierenden-BAföG betrafen, da Schüler-BAföG in Gesamtdeutschland zunehmend an Bedeutung verlor. Der letzte große Entwurf nahm bereits 1997 unter maßgeblicher Beteiligung des Deutschen Studentenwerks (DSW) sowie der Gewerkschaft Erziehung und Wissenschaft (GEW) seinen Anfang. Dieses *Fortgeschrittene Drei-Körbe-Modell* sah einen Sockelbetrag von DM 350 – 400 vor, der unabhängig vom Elterneinkommen an jeden Studierenden für die Dauer der Regelstudienzeit ausgezahlt werden sollte (1. Korb). Kinder einkommensschwacher Eltern sollten zusätzlich unverzinsliche Darlehen (2. Korb) oder verzinsliche Darlehn (3. Korb) beim Studiengangwechsel oder Überschreitung der Regelstudienzeit erhalten können. Zur Finanzierung des ersten Korbs wären die Leistungen des Familienleistungsausgleichs (Kindergeld, Kinder- und

Ausbildungsfreibeträge) direkt an den Studierenden geflossen, wodurch zusätzlich die Elternunabhängigkeit gestärkt werden sollte (BARBARO/SCHÜLE, Frankfurter Rundschau vom 20.1. 2000). Die damalige Bundesregierung lehnte das *Drei-Körbe-Modell* jedoch aus grundsätzlichen politischen und rechtlichen Erwägungen ab und hielt es zudem für unfinanzierbar. Insbesondere hätte das Modell zu einer erhöhten unmittelbaren Beteiligung des Staates bei der Erfüllung familieneigener Unterhaltspflichten geführt. Dies war jedoch mit dem damaligen politischen Kurs zu mehr privater Verantwortung und zur Rückführung des staatlichen Sektors unvereinbar (Interview: DUCKERSCHEIN).

Nach dem Regierungswechsel kam mit der Formulierung im rot-grünen Koalitionsvertrag, für eine strukturelle Reform der Ausbildungsförderung alle relevanten staatlichen Leistungen zusammenzufassen, das Körbe-Modell unter dem Namen *BAföG für alle* wieder auf die Agenda und wurde bis Januar 2000 von Bundesbildungsministerin EDELGARD BULMAHN protegiert. Rechtliche und finanzielle Hürden erschienen trotz Bedenken des Finanzministeriums bezwingbar (SPOERR, Die Welt vom 19.1. 2000). Parallel sollte das BAföG von zahlreichen Sonderregelungen befreit werden. Es wäre dann für Studierende wesentlich einfacher geworden, Ausbildungsförderung zu beantragen und zu beziehen (MÖHLE, Bonner General-Anzeiger vom 21.1.2000).

Doch im Januar 2000 legte unerwartet Bundeskanzler GERHARD SCHRÖDER sein Veto gegen das Körbe-Modell ein. Die Begründung: Kindergeld und Steuerfreibeträge seien ein wichtiger Bestandteil des Einkommens vieler Familien und für die Abzahlung von Häusern und Eigentumswohnungen fest eingeplant (BARBARO/SCHÜLE, Frankfurter Rundschau vom 20.1. 2000). Daher unterblieb bei der Änderung des BAföG vom 1. April 2001 eine strukturelle Reform und es kam lediglich zu den marginalen Veränderungen, die in Kapitel 5.1 beschrieben wurden.

Die Online-Antragstellung von BAföG-Leistungen könnte also nach aktueller Gesetzeslage nur das aktuelle Verfahren im Internet darstellen, wie der Entwurf der DZBW es vorsieht. Die Modernisierungspotenziale von E-Government sind damit jedoch nur begrenzt zu erreichen, da sich die Antragstellung für den Auszubildenden kaum vereinfacht. Im günstigsten Fall kann er über E-Mail orts- und zeit-unabhängig mit seinem BAföG-Amt kommunizieren und im Falle eines optimierten Online-Formulars bessere Eingabehilfen erhalten, als es der BAföG-Rechner bislang vorsieht. In den Ämtern könnten Rationalisierungseffekte auftreten, wenn die Daten bereits in elektronischer Form eintreffen. Jedoch stößt man auch hier schnell an Grenzen, wenn die Fehlerquote der Anträge durch die Benutzerführung nicht reduziert werden kann. Immerhin würden beide Seiten Portokosten sparen. Die Einschätzung, dass sich dieses Szenario innerhalb des Jahres 2002 durch Zusammenarbeit der Datenzentrale BW, dem Bundesverwaltungsamt sowie der Projektgruppe BundOnline 2005 bzw. dem BMBF verwirklicht, erscheint realistisch.

Ein vollständiges und benutzerfreundliches *BAföG online*, das den Zielen der E-Government-Strategien von Bund und dem Land Brandenburg entspräche, könnte jedoch nur durch eine strukturelle Änderung des Gesetzes erfolgen. Möglicherweise konnte (oder wollte?) der Bundeskanzler konnte im Januar 2000 bei seinem Veto zur BAföG-Reform nicht erkennen, dass er damit gleichzeitig den Erfolg eines seiner BundOnline-Pilotprojekte einschränken wird. Natürlich stellt sich hier auch die Frage, ob ein Teilprojekt von BundOnline 2005 politisch wichtiger ist als die freie Verfügbarkeit der Eltern über das Kindergeld.

Nun bleibt zu beobachten, ob E-Government die Modernisierungskraft besitzt, um im Falle des BAföG eine neue, erfolgversprechende Reformdebatte anzustoßen. Falls die neue „Chefsache" ein Gelegenheitsfenster zu einer Strukturreform in der Ausbildungsförderung aufstoßen kann, die in den vergangenen 30 Jahren unmöglich war, so kann E-Government tatsächlich ein erhebliches Modernisierungspotenzial zugesprochen werden, das inkrementale Detailoptimierungen deutlich überschreitet.

6.2   Schlussfolgerungen für erfolgreiches E-Government?

Auch wenn sich generelle Empfehlungen für die erfolgreiche Implementation von Reformprogrammen bislang unzureichend auf Theorien oder kausale Zusammenhänge stützen können, liefert die Praxis jedoch reichlich Anschauungsmaterial zur Erweiterung des Erfahrungswissens. Meist stützen sich solche Darstellungen auf Erkenntnisse vergangener Modernisierungsphasen, auf Parallelereignisse in anderen Staaten und Sektoren oder in speziellen Fällen und beschreiben, was daraus zu lernen sein kann.

So mangelt es nicht an Überlegungen zu Erfolgsanforderungen für jeden der vorgestellten Modernisierungsschübe. Einiges daraus soll hier mit den Ergebnissen der Fallstudie in Verbindung gebracht werden.

Aufgrund der Erfahrungen mit der Einführung des Neues Steuerungsmodells argumentiert REINERMANN, dass „Reformverstärker" für die Verwaltungsmodernisierung in der *Veränderung von Recht* sowie in der *Mobilisierung durch die politische Führung* erkannt werden (REINERMANN 2000, S. 53f).

Bereits in den 1980er Jahren wurden Rechtsvereinfachungen und Bürokratieabbau als Unterstützendes Element der Verwaltungsmodernisierung diskutiert, etwa um mehr Marktwettbewerb und externen Anpassungsdruck auch im öffentlichen Sektor wirksam werden zu lassen. Weiterhin beschreibt BANNER, dass die Bundesländer in den 1990er Jahren Experimentierklauseln zur Erprobung neuer Steuerungsmodelle beschlossen haben, die Ausnahmen von bisherigen Vorschriften zulassen und den Kommunen erweiterten Handlungsspielraum gestatten (BANNER 2001, S. 299). Auch beim E-Government haben das Signaturgesetz sowie Änderungen im Privat- und Verwaltungsrecht einen Handlungsrahmen für neue Gestaltungsoptionen geschaffen. Beim BAföG zeigte sich jedoch, dass eine Änderung der Fachgesetze schwieriger als bei Rahmengesetzen sein kann, da mit Fachgesetzen politische Gestaltungsabsichten verbunden sind. Im Fall des BAföG etwa tritt eine strukturelle Verfahrensvereinfachung in Konflikt mit sozial- und wirtschaftspolitischen Zwecken. Ebenso steht der Verzicht von Unterschriften im BAföG-Antrag mit dem Vorsatz der Rechtssicherheit der Verwaltung in einem Spannungsverhältnis. Ohne eine strukturelle Vereinfachung ist beim BAföG eine Modernisierung nach E-Government-Konzeptionen jedoch nur begrenzt möglich. Gesetzesvereinfachung und die rechtliche Schaffung neuer Handlungspotenziale für die Verwaltung können zwar reformverstärkende Wirkung entfalten. Wenn jedoch die bürokratischen Hürden im Fachgesetz liegen, dass nicht entsprechend vereinfacht wird, ist der Verstärkungseffekt deutlich abgeschwächt.

Initiativen und Engagement der politischen und administrativen Führung kommt besonders bei komplexen Reformprogrammen starke Bedeutung zu. Im zweiten Kapitel wurde gezeigt, dass die Entlastung der Verwaltungsführung zur Entfaltung von Planungskapazitäten ein Kernelement der Reform in der Ministerialverwaltung war. Später beim Neuen Steuerungsmodell konnten insbesondere solche Kommunen die Komplexität der Reformprogramme bewältigen, bei denen unternehmerische, engagierte Persönlichkeiten an der Spitze standen (BANNER 2001, S. 290). NASCHOLD argumentierte anhand eines OECD-Vergleichs, dass politische Mobilisierung die Verwaltungsreform stärker antreibt als etwa fiskalischer Problemdruck (NASCHOLD 1995, S. 12). Für Electronic Government, das aufgrund seiner Verbindung von organisatorischen, prozessualen, personellen und technischen Reformelementen einen ausnehmend hohen Komplexitätsgrad aufweist, scheint starkes Engagement der Führungsebene besonders wichtig. Anhand der Fallstudie wurde gezeigt, dass umfassende E-Government-Initiativen des Bundes und des Landes Brandenburg sowohl in ihrer Verlautbarung als auch in der Projektorganisation zur „Chefsache" wurden, um die Umsetzungsschritte zu koordinieren sowie Insellösungen und Doppelarbeit zu vermeiden.

MAYNTZ hingegen erachtet den pragmatischen Nutzen dieser Erkenntnisse für recht banal. Hilfreicher für den Praktiker ist das Wissen um die konkreten Verhaltensneigungen real existierender Implementeure und ihre Ursachen (MAYNTZ 1983, S. 20). In der Fallstudie konnte gezeigt werden, dass das *BAföG-online*-Angebot des Bundesverwaltungsamtes auf eigene Initiative entstand und zunächst nicht in BundOnline 2005 eingebunden war. Auch innerhalb des BVA entwickelten sich *Office.net* sowie *BAföG online* durch dezentrale, netzwerkartige Zusammenarbeit von Projektgruppen und Fachkräften (BMI 2000a, S. 41f). Beim BMBF und dem brandenburgischen MWFK hingegen sind trotz E-Government-Initiativen aus Politik und

Verwaltungsführung zunächst geringere Effekte zu verzeichnen als im BVA. Neben Mobilisierung und Initiativen durch die politische und administrative Führung scheint die Mitwirkungsbereitschaft und die eigenständige Aktivität unterer Einheiten und Mitarbeiter daher ebenso bedeutend für den Erfolg zu sein. Zusätzlich wirkt sich die Eigeninitiative der umsetzenden Einheiten nur günstig für den Programmerfolg aus, wenn sie sich mit den Programmzielen identifizieren (MAYNTZ 1983, S. 22), was im Bundesverwaltungsamt offenbar stärker der Fall was als etwa im brandenburgischen MWFK.

Daher muss das Denken in begrenzten Zuständigkeiten in den Fachbereichen überwunden werden, weil E-Government die Optimierung von übergreifenden Geschäftsprozessen durch Telekooperation und die Integration vielfältiger Angebote auf gemeinschaftlichen Portalen zum Ziel hat. Wie bereits im Neuen Steuerungsmodell ist der Blick auf die Bedürfnisse der Adressaten von Bedeutung, nicht der Blick auf die eigene Zuständigkeit.

BRINCKMANN äußerte 1994: „Die Erwartungen an die IuK-Technik als einem zusätzlichen, bislang in dieser Form nicht verfügbaren Gestaltungsfaktor liegen darin, dass sich Komplexität und Anpassungsfähigkeit, Größe und Beweglichkeit von Organisationen zugleich steigern lassen, nicht nur das eine auf Kosten des anderen. Diese Chance kann allerdings nur genutzt werden, wenn es gelingt, an die Stelle der hierarchischen, rigiden Steuerung eine offene, zielorientierte Führung zu setzen, die nicht auf einem Maximum an Kontrolle, sondern auf einem Optimum an Vertrauen und Delegation beruht." (BRINCKMANN 1994, S. 221f). Wie jedoch im Einzelfall die kritische Balance zwischen effektiver Führung und dezentraler Mitwirkung und Verantwortung zu gestalten ist, lässt sich generell kaum präzise feststellen. Wenn Verwaltungsmodernisierung als Politikfeld aufgefasst wird, entsteht sie praktisch nicht nur aus politischen Absichten, Handlungen und deren Resultaten, sondern sie wird gleichzeitig von Eigendynamiken, spontaner Ordnungsbildung und unabsehbaren Einzelereignissen überlagert. Veränderungsprozesse lassen sich nur als Zusammenspiel von einerseits mehr oder weniger strategischen Reforminitiativen von der Spitze und andererseits individuellen Anpassungsprozessen sowie funktionalen und dysfunktionalen Impulsen „von unten" verstehen (JANN 2001, S. 329).

Die Instrumente der Policy-Forschung, wie zum Beispiel Fallstudien, zeigen, dass ein solches Zusammenspiel regelmäßig auftritt und wie es die Rationalität strategischer Planung beeinträchtigen kann. Zusätzlich enthalten sie die Möglichkeit, im Einzelfall zu zeigen, wie dieses Zusammenspiel funktioniert und wirkt, so dass Erfahrungswissen für die weitere Planung generiert werden kann. Das Vorgehen in Pilot- bzw. Modellprojekten bei der Umsetzung von E-Government (z.B. Media@Komm, *BAföG online* im BVA) weisen daher in die richtige Richtung. Wie jedoch auch bei anderen Phasen der Verwaltungsreform fehlt die Kumulation und die theoretische Integration der verschiedenen Fallstudien und Erfahrungen.

Wenn es beim E-Government gelingt, zwischen Praxis und Wissenschaft Kompetenzen aufzubauen, die Erkenntnisse komplexer praktischer Fälle systematisch auswerten und nutzbar zu machen, entsteht zumindest die Chance, frühzeitig Dysfunktionalitäten und Risiken in der Planung und Umsetzung großer Modernisierungsinitiativen zu erkennen und zu beheben.

QUELLENVERZEICHNIS

Verzeichnis der verwendeten Literatur:

Banner, Gerhard 2001	Kommunale Verwaltungsmodernisierung: Wie erfolgreich waren die letzten zehn Jahre?, in: Schröter, Eckhard (Hrsg.), Empirische Policy- und Verwaltungsforschung. Lokale, nationale und internationale Perspektiven, Opladen, S. 279-305.
Barbarro, Salvatore / Schüle, Daniel 2000	Des Kanzlers Handschrift. Chronik eines angekündigten Todes: Die BAföG-Reform, in: Frankfurter Rundschau vom 20.1.2000.
Becker, Bernd 1989	Öffentliche Verwaltung. Lehrbuch für Wissenschaft und Praxis, Percha.
Beyer, Lothar 1998	Informations- und Kommunikationstechnik, in: von Bandemer, Stephan u.a. (Hrsg.), Handbuch zur Verwaltungsreform, Opladen, S. 256-268.
Blumenthal, Jörg 2000	Behörde im Internet, in: Behörden Online. Innovative Verwaltung, cpm Forum, Ausgabe 1, 2000, S. 18-23.
Bogumil, Jörg / Schmid, Josef 2001	Politik in Organisationen. Organisationsbezogene Ansätze und praxisbezogene Anwendungsbeispiele, Reihe: Grundwissen Politik, Band 31, Opladen.
Brinckmann, Hans / Kuhlmann, Stefan 1990	Computerbürokratie. Ergebnisse von 30 Jahren öffentlicher Verwaltung mit Informationstechnik, Opladen.
Brinckmann, Hans 1994	Strategien für eine effektivere und effizientere Verwaltung, in: Naschold, Frieder/Pröhl, Marga (Hrsg.), Produktivität öffentlicher Dienstleistungen. Dokumentation eines wissenschaftlichen Diskurses zum Produktivitätsbegriff, Gütersloh.

Bundesamt für Sicherheit in der Informationstechnik, BSI (Hrsg.) 2001a	Chefsache E-Government. Leitfaden für Behördenleiter, Publikation des Bundesamts für Sicherheit in der Informationstechnik, Bonn, www.bsi.de/fachthem/egov/download/chef.pdf (20.11.2001).
Bundesamt für Sicherheit in der Informationstechnik, BSI (Hrsg.) 2001b	Kryptographie im Internet, Publikation des Bundesamts für Sicherheit in der Informationstechnik, Bonn, www.bsi.de/fachthem/egov/download/07krypto.pdf (20.11.2001).
Bundesamt für Sicherheit in der Informationstechnik, BSI (Hrsg.) 2001c	Sicherer Internetauftritt für E-Government, Publikation des Bundesamts für Sicherheit in der Informationstechnik, Bonn, www.bsi.de/fachthem/egov/download/04inter.pdf (20.11.2001).
Bundesministerium des Innern, BMI (Hrsg.) 1999	Moderner Staat – Moderne Verwaltung. Das Programm der Bundesregierung, Bundesministerium des Inneren, Stabstelle Moderner Staat - Moderne Verwaltung (Hrsg.), Berlin.
Bundesministerium des Innern, BMI (Hrsg.) 2001a	BundOnline2005. Behördenbeispiel: eStrategie des Bundesverwaltungsamtes, Bundesministerium des Inneren, Stabstelle Moderner Staat - Moderne Verwaltung (Hrsg.), Berlin.
Bundesministerium des Innern, BMI (Hrsg.) 2001b	Umsetzungsplan für die eGovernment-Initiative BundOnline 2005, Kabinettbeschluss vom 14. November 2001, Berlin.
Bundesministerium für Bildung und Forschung, BMBF (Hrsg.) 2001	Ausbildungsförderung. BAföG, Bildungskredit und Stipendien. Regelungen und Beispiele, Publikation des Bundesministeriums für Bildung und Forschung, Bonn.
Bury, Hans Martin 2001	Bundonline2005, Eröffnungsrede auf dem D21-Kongress am 8. Oktober 2001 in Nürnberg, www.bundonline2005,de/infos.
Deutscher Bundestag Drucksache 14/1927 2000	Dreizehnter Bericht nach §35 des Bundesausbildungsförderungsgesetzes zur Überprüfung der Bedarfsätze, Freibeträge sowie Vomhundertsätze und Höchstbeträge nach §21 Abs. 2, 4. Januar 2000, Berlin.

Deutsches Studentenwerk, DSW
2001

30 Jahre BAföG, Publikation des Deutschen Studentenwerks, Bonn.

Drömann, Dietrich / Paulsen, Thomas
2001

Public Private Partnerships – Formen und Ausprägungen, in: E-Verwaltung, cpm Forum, Ausgabe 2, 2001, S. 52-55.

Eichhorn, Peter u.a. (Hrsg.)
1991

Verwaltungslexikon, 2. neu bearbeitete Auflage, Baden-Baden.

Eimeren, Birgit van / Gerhard, Heinz
2001

ARD/ZDF-Online-Studie 2001: Internetnutzung stark zweckgebunden. Entwicklung der Online-Medien in Deutschland, in: Media-Perspektiven, 8/2001, S. 382-387.

Fischaleck, Maria,
2000

e-Government mit Sicherheit, in: Behörden Online. Innovative Verwaltung, cpm Forum, Ausgabe 1, 2000, S. 80-81.

Grimmer, Klaus / Wind, Martin
2001

Wandel des Verhältnisses von Bürger und Staat durch die Informatisierung der Verwaltung, in: Simonis, Georg/Martinsen, Renate/Saretzki, Thomas (Hrsg.), Politik und Technik, PVS Sonderheft 31/2001, Wiesbaden, S. 232-247.

Habbel, Franz-Reinhard
2. Oktober 2001

E-Government: Großer Markt mit großen Problemen www.habbel.de/Studien-zu-e-Government (26.11.2001).

Hendrix, Ralph
2000

Die Sicherheit in der Informationstechnik als globale Herausforderung, in: Behörden Online. Innovative Verwaltung, cpm Forum, Ausgabe 1, 2000, S. 52-57.

Hensen, Jürgen
2000

Digitale Signaturen: Revolutionierung des Verwaltungshandelns und Einebnung der Aktenberge?, in: Reinermann, Heinrich (Hrsg.), Regieren und Verwalten im Informationszeitalter, Heidelberg, S. 115-127. I

Jann, Werner / Wewer, Göttrick
1998

Helmut Kohl und der „schlanke Staat". Eine verwaltungspolitische Bilanz, in: Wewer, Göttrick (Hrsg.), Bilanz der Ära Kohl, Opladen, S. 229-266.

Jann, Werner
1998

Neues Steuerungsmodell, in: von Bandemer, Stephan u.a. (Hrsg.), Handbuch zur Verwaltungsreform, Opladen, S. 70-80.

Jann, Werner
2001

Verwaltungsreform als Verwaltungspolitik: Verwaltungsmodernisierung und Policy-Forschung, in: Schröter, Eckhard (Hrsg.), Empirische Policy- und Verwaltungsforschung. Lokale, nationale und internationale Perspektiven, Opladen, S. 321-344.

Jansen, Stephan A. / Priddat, Birger P. 2001

Electronic Government. Neue Potentiale für einen modernen Staat, Stuttgart.

Kaiser, Robert
2001

Bürger und Staat im virtuellen Raum. E-Government in deutscher und internationaler Perspektive, in: Bilgeri, Alexander/ Lamatsch, Dorothea/Siedschlag, Alexander (Hrsg.), Kursbuch Internet und Politik, Band 1/2001, Opladen, S. 57-68.

Killian, Werner
1999

...und die Bürokratie bleibt! Zum verwaltungsspezifischen Nutzen von IuK-Technik, in: ders./Kneissler, Thomas (Hrsg.), Demokratische und partizipative Verwaltung. Festschrift für Hans Brinckmann und Klaus Grimmer, Baden-Baden, S. 51-65.

Kleindiek, Ralf
2001

BundOnline 2005, Vortrag und Diskussion im Berlin-Brandenburgischen verwaltungspolitischen Kolloquium am 7. Dezember 2001, Berlin.

Köcher, Renate
2000

Von der Behörde zum modernen Dienstleister. Erwartungen und Erfahrungen der Bürger in den Kommunen, Institut für Demoskopie Allensbach.

Kommunale Gemeinschaftsstelle für Verwaltungsvereinfachung, KGSt
2000

Mit Electronic Government Bürgerorientierung und Leistungsfähigkeit der Kommunen verbessern, KGSt-Info Nr. 23, 2000, 45. Jahrgang, Köln.

König, Klaus   Modernisierung von Staat und Verwaltung. Zum Neuen Öffent-
1997   lichen Management, Baden-Baden.

König, Klaus /   Von der Verwaltungsreform zur Verwaltungsmodernisierung,
Füchtner, Natascha   in: dies. (Hrsg.)„Schlanker Staat" – Verwaltungsmoderni-
1998   sierung im Bund, Speyerer Forschungsberichte 183, S. 3-152.

König, Klaus /   Schlanker Staat – eine Agenda der Verwaltungsmoderni-
Füchtner, Natascha   sierung im Bund, Baden-Baden.
2000

KPMG   Verwaltung der Zukunft. Status quo und Perspektiven 2001-
2001   2002, e-Government-Studie von KPMG, Hamburg.

Landsbetrieb für Datenverarbei-   Statistische Berichte zur Ausbildungsförderung nach dem
tung und Statistik, LDS (Hrsg.)   Bundesausbildungsförderungsgesetz im Land Brandenburg,
2000   Publikation des Landesbetriebs für Datenverarbeitung und
                                      Statistik des Landes Brandenburg, B III 6- j / 00, Potsdam.

Landsberg, Willy   Die Verwaltung in der virtuellen Kommune, in: Reinermann,
2000   Heinrich/von Lucke, Jörn (Hrsg.), Portale in der öffentlichen
                          Verwaltung. Internet, Call Center, Bürgerbüro, Speyerer For-
                          schungsberichte 205, Speyer, S. 151-169.

Leffers, Jochen   Reform light statt großem Wurf, in: Spiegel Online vom 16.
2001   Februar 2001
                          www.spiegel.de/unispiegel/studium/0,1518,117892,00.html
                          (8.9.2001).

Leffers, Jochen   BAföG-Rechner ist online, in: Spiegel Online vom 4. Mai 2001
2001   www.spiegel.de/unispiegel/geld/0,1518,130322,00.html
                          (5.9.2001).

Lenk, Klaus   Electronic Government als Schlüssel zur Innovation der öffent-
1999   lichen Verwaltung, in: ders./Traunmüller, Roland (Hrsg.), Öf-
                          fentliche Verwaltung und Informationstechnik, Heidelberg, S.
                          123-142.

von Lucke, Jörn
2000a

Electronic Government in der Welt, in: Reinermann, Heinrich (Hrsg.), Regieren und Verwalten im Informationszeitalter, Heidelberg, S. 186-202.

von Lucke, Jörn
2000b

Portale für die öffentliche Verwaltung, in: Reinermann, Heinrich / von Lucke, Jörn (Hrsg.), Portale in der öffentlichen Verwaltung. Internet, Call Center, Bürgerbüro, Speyerer Forschungsberichte 205, Speyer, S. 7-23.

Mayntz, Renate / Scharpf, Fritz
1973

Kriterien, Voraussetzungen und Einschränkungen aktiver Politik, in: dies. (Hrsg.), Planungsorganisation. Die Diskussion um die Reform von Regierung und Verwaltung des Bundes, München, S. 115-145.

Mayntz, Renate
1980

Die Entwicklung des analytischen Paradigmas in der Implementationsforschung, in: dies. (Hrsg.), Implementation politischer Programme. Empirische Forschungsberichte, Königstein/Ts., S. 1-17.

Mayntz, Renate
1983

Probleme der Theoriebildung in der Implementationsforschung, in: dies. (Hrsg.), Implementation politischer Programme II. Ansätze zur Theoriebildung, Opladen, S. 7-25.

Memorandum Electronic Government
2000

Electronic Government als Schlüssel zur Modernisierung von Staat und Verwaltung. Ein Memorandum des Fachausschusses Verwaltungsinformatik der Gesellschaft für Informatik e.V. und des Fachbereichs 1 der informationstechnischen Gesellschaft im VDE, Bonn/Frankfurt.

Mitchell, Kenneth
2000

Instituting E-Procurement in the Public Sector, in: Government Finance Review, February 2000, S. 9-12.

Möhle, Holger
2000

Neuanfang im Steinbruch, in: Bonner General-Anzeiger vom 21. Januar 2001.

Müller, Werner
2001

E-Government ist keine Modeerscheinung, in: Berliner Behörden Spiegel, Nummer XI, 17. Jahrgang, November 2001, S.6.

Naschold, Frieder
1995

Ergebnissteuerung, Wettbewerb, Qualitätspolitik. Entwicklungspfade des öffentlichen Sektors in Europa, Reihe: Modernisierung des öffentlichen Sektors, Sonderband 1, Berlin.

Naschold, Frieder / Oppen, Maria / Wegener, Alexander
1998

Kommunale Spitzeninnovationen, Reihe: Modernisierung des öffentlichen Sektors, Band 12, Berlin.

Nullmeier, Frank
2001

Zwischen Informatisierung und Neuem Steuerungsmodell, in: Simonis, Georg/Martinsen, Renate/Saretzki, Thomas (Hrsg.), Politik und Technik, PVS Sonderheft 31/2001, Wiesbaden, S. 248-267.

Obenhaus, Werner
1994

Aufgabenerfüllung mit Hilfe der Informationstechnik, in: Mattern, Karl-Heinz/Reinfried, Hubert (Hrsg.), Allgemeine Verwaltungslehre, 4. überarbeitete Auflage, Berlin u.a., S.297-317.

Paulsen, Thomas
2001

Electronic Government – Von der virtuellen Verwaltung zum Netzwerkstaat, in: Bilgeri, Alexander/Joos, Klemens/Lamatsch, Dotothea (Hrsg.), Mit Mouse und Tastatur. Wie das Internet die Politik verändert, München, S. 148-158.

Pollitt, Christopher / Bouckaert, Geert
2000

Public Management Reform. A Comparative Analysis, Oxford University Press.

Projektgruppe BundOnline 2005
2001

Umsetzungsplan für die eGovernment-Initiative BundOnline 2005, Kabinettsbeschluss vom 14. November 2001, www.bundonline2005.de/de/side.html# (11.12.2001).

PwC Deutsche Revision PricewaterhouseCoopers
2000

Die Zukunft heißt E-Government. Deutschlands Städte auf dem Weg zur virtuellen Verwaltung, Ergebnisse einer Umfrage von PwC Deutsche Revision mit dem Deutschen Städte und Gemeindebund.

Radwan, Alexander
2001

Internet und Demokratie, in: Meier-Walser, Reinhard/Harth, Thilo (Hrsg.), Politikwelt Internet, Neue demokratische Beteiligungschancen mit dem Internet?, München, S. 120-125.

Reichard, Christoph 1994	Umdenken im Rathaus. Neue Steuerungsmodelle in der deutschen Kommunalverwaltung, Reihe: Modernisierung des öffentlichen Sektors, Band 3, Berlin.
Reichard, Christoph / Schuppan, Tino 2000	Wie ernst ist es der Bundesregierung mit dem Thema "Aktivierender Staat"?, in: Mezger, Erika/West, Klaus-W. (Hrsg.), Aktivierender Sozialstaat und politisches Handels, Marburg, S. 81-97.
Reichard, Christoph / Schuppan, Tino 2001	E-Government. Von der Mode zur Modernisierung, in: LKV – Landes- und Kommunalverwaltung, Ausgabe 1/2002 (im Erscheinen).
Reiche, Steffen 1998	Rede anlässlich der 3. Sitzung des BIS 2006 Lenkungsausschusses am 15. Mai 1998 in Potsdam, in: Ministerium für Wissenschaft, Forschung und Kultur des Landes Brandenburg (Hrsg.), BIS 2006. Materialien zur Brandenburger Informationsstrategie, Potsdam.
Reinermann, Heinrich 1999	Verwaltungsreform und technische Innovationen - Ein schwieriges Dauerverhältnis, in: Kubicek, Herbert u.a. (Hrsg.), Multimedia@Verwaltung, Jahrbuch Telekommunikation und Gesellschaft 1999, Heidelberg, S. 11-25.
Reinermann, Heinrich 2000	Der öffentliche Sektor im Internet. Veränderungen der Muster öffentlicher Verwaltungen, Speyerer Forschungsberichte 206, Speyer.
Reinermann, Heinrich / von Lucke, Jörn 2000	Speyerer Definition von Electronic Government, Forschungsinstitut für Öffentliche Verwaltung, Speyer.
Römmele, Andrea 2001	Parteien und das Internet: Neue Formen der politischen Partizipation?, in: Meier-Walser, Reinhard/Harth, Thilo (Hrsg.), Politikwelt Internet, Neue demokratische Beteiligungschancen mit dem Internet?, München, S. 154-170.
Seibel, Wolfgang 1997	Verwaltungsreformen, in: König, Klaus/Siedentopf, Heinrich (Hrsg.), Öffentliche Verwaltung in Deutschland, 2. Auflage, Baden-Baden, S. 87-106.

Schedler, Kuno / Proeller, Isabell New Public Management, Bern u.a., Reihe: UTB für Wissen-
2000 schaft, Band 2132.

Schedler, Kuno eGovernment und neue Servicequalität der Verwaltung, in:
2001 Gisler, Michael/Spahni, Dieter (Hrsg.), eGovernment. Eine
 Standortbestimmung, Bern, Stuttgart, Wien, S. 34-49.

Schily, Otto Auf dem Weg zu einer modernen Verwaltung – BundOnli-
2001a ne2005, Rede auf dem Kongress „Effizienter Staat" am
 5.2.2001 im Schöneberger Rathaus, Berlin.

Schily, Otto Sicherheit in der Informationstechnik, in: Bundesministerium
2001b des Inneren, Stabstelle Moderner Staat - Moderne Verwaltung
 (Hrsg.), BundOnline 2005, eGovernment für eine moderne
 Verwaltung, Publikation der Tagung der Behördenleiter des
 Bundes am 14. Mai 2001, Berlin, S. 5-21.

Schönbohm, Jörg Verwaltungsmodernisierung im Lichte von E-Government, in:
2001 Magazin 2006, Heft 4, 2001, S. 4-5.

Schröder, Gerhard Moderne Verwaltung in der Informationsgesellschaft, in: Bun-
2001 desministerium des Inneren, Stabstelle Moderner Staat - Moderne Verwaltung (Hrsg.), BundOnline 2005, eGovernment für
 eine moderne Verwaltung, Publikation der Tagung der Behördenleiter des Bundes am 14. Mai 2001, Berlin, S. 6-14.

Schütz, Giso E-Government im BVA als Bestandteil einer integrierten Re-
2001 formstrategie, Vortrag und Diskussion im Berlin-Brandenburgischen verwaltungspolitischen Kolloquium am 14. Dezember 2001, Berlin.

Singh, Simon Fermats Letzter Satz. Die abenteuerliche Geschichte eines
1998 mathematischen Rätsels, München, Wien.

Sussmann, Rudolf Das Internet als Medium zwischen Staat und Gesellschaft, in:
2001 Meier-Walser, Reinhard / Harth, Thilo (Hrsg.), Politikwelt Internet, Neue demokratische Beteiligungschancen mit dem Internet?, München, S. 126-132.

Spoerr, Kathrin 2000	BAföG: Grüne sprechen von Affront. Gescheiterte Reform enttäuscht Studenten, Professoren und Politiker, in: Die Welt vom 19.1.2001.
Statistisches Landesamt des **Freistaates Sachsen** 2000	BAföG-Datenerfassungsprogramm proBAföG. Version 2.1. Kurzbeschreibung, Statistisches Landesamt des Freistaates Sachsen.
Staatskanzlei des Landes Bran- **denburg / Ministerium des Innern** **des Landes Brandenburg** 2001	Entwurf einer Kabinettvorlage „eGovernment-Initiative des Landes Brandenburg", 11. Oktober 2001, Potsdam.
TNS Emnid November 2001	Government Online. An international Perspective. 2001 Benchmarking Research Study, www.emnid.tnsofres.com (14.11.2001).
Traunmüller, Roland 1999	Annäherung an die Verwaltung aus Sicht der Informatik: Technikpotenziale und Systemlösungen, in: Lenk, Klaus / Traunmüller, Roland (Hrsg.), Öffentliche Verwaltung und Informationstechnik, Heidelberg. S. 21-49.
Wegrich, Kai 2001	Electronic Government: Modernisierungsschub durch Informationstechnologien in der öffentlichen Verwaltung? In: politik-digital www.politik-digital.de/text/netzpolitik/egovernment (10.5.2001).
Wildavsky, Aaron 1973	If Planning is Everything, Maybe it´s Nothing, Policy Science, Vol. 4, 1973, S. 127-153.
Wind, Martin 1999	Technik für das Volk. Plädoyer für eine bürgerorientierte Informationspolitik in der öffentlichen Verwaltung, in: Killian, Werner/Kneissler, Thomas (Hrsg.), Demokratische und partizipative Verwaltung. Festschrift für Hans Brinckmann und Klaus Grimmer, Baden-Baden, S. 79-90.
Wollmann, Hellmut 1996	Verwaltungsmodernisierung: Ausgangsbedingungen, Reformanläufe und aktuelle Modernisierungsdiskurse, in: Reichard, Christoph / Wollmann, Hellmut (Hrsg.), Kommunalverwaltung im Modernisierungsschub?, Stadtforschung aktuell, Band 58. Basel, Berlin, Boston, S. 1-49.

Wollmann, Hellmut
2000a

Staat und Verwaltung in den 90er Jahren, in: Czada, Roland / Wollmann, Hellmut Hrsg.), Von der Bonner zur Berliner Republik. 10 Jahre Deutsche Einheit, Leviathan Sonderheft 19/1999, Wiesbaden, S. 694-731.

Wollmann, Hellmut
2000b

Evaluierung und Evaluierungsforschung von Verwaltungspolitik und -modernisierung. Zwischen Analysepotenzial und -defizit, in: Stockmann, Reinhard (Hrsg.), Evaluationsforschung, Opladen, S 195-216.

Wollmann, Hellmut
2000c

Local Government Modernisation in Germany: Between Incrementalism and Reform Waves, Public Administration, Vol. 78, No. 4, S. 915-936.

Wollmann, Hellmut
2001

Verwaltungspolitische Reformdiskurse, Veränderungszyklen und Modernisierungsbewegungen, in: König, Klaus (Hrsg.), Deutsche Verwaltung an der Wende des 21. Jahrhunderts, Baden-Baden (im Erscheinen).

Yin, Robert
1989

Case Study Research. Design and Methods, Newbury Park, London, Neu Delhi.

Zypries, Brigitte
2001a

Die Daten sollen laufen, nicht die Bürger, in: Magazin 2006, Heft 4, 2001, S. 26-27.

Zypries, Brigitte
2001b

eGovernment in Deutschland. Eröffnungsvortrag der 35. Jahreskonferenz des International Council for Information Technology am 23. Oktober 2001, Berlin.

Verzeichnis der verwendeten Internetseiten:

www.bundestag.de/aktuell/tv/index.htm (8.11.2001)

www.bundonline2005.de (2.11.2001)

www.mediakomm.de (3.11.2001)

www.initiatived21.de (3.11.2001)

www.bremer-online-service.de (5.11.2001)

www.muenster.de/buergernetz (5.11.2001)

www.gcp-online.de/StadtArnsberg/urlap.html (5.11.2001)

www.regtp.de/tech_reg_tele/start/in_06-02-04-00-00_m/index.html#akkreditiert (22.11.2001)

www.golem.de/0111/16742.html (20.11.2001)

www.golem.de/0105/14136.html (20.11.2001)

www.golem.de/0104/13500.html (20.11.2001)

www.das-neue-bafoeg.de (24.11.2001)

www.destatis.de/presse/deutsch/pm2001/p2610071.html (20.11.2001)

www.focus.de/D/DB/DBO/dbo.htm?snr=94441 (8.9.2001)

www.das-neue-bafoeg.de/antrag_form_laender.htm (21.11.2001)

www.bva.bund.de/bva/willkommen/index.html (18.11.2001)

www.bva.bund.de/bva/veroeffentlichungen/75/index.html (18.11.2001)

www.bva.bund.de/imperia/md/content/abteilungen/abteilungi/13.pdf (18.11.2001)

www.bundesverwaltungsamt.de/bafoeg (2.12.2001)

www.brandenburg.de/land/mwfk (14.11.2001)

www.brandenburg.de/lds (14.11.2001)

www.studentenwerk.potsdam.de/bafoeg.html (14.11.2001)

www.studentenwerk.euv-frankfurt-o.de (14.11.2001)

www.potsdam.de/buerger (14.11.2001)

www.bundonline2005.de/de/bilanz/umsetzungsplan/umsetzungsplan/index.html (11.12.2001)

www.bund.de/Gut-zu-Wissen/Bildung-und-Ausbildung (16.12.2001)

ANHANG

Anhang 1: Internetnutzung in Deutschland

Nutzeranteil nach Bevölkerungsgruppen

	1997		1998		1999		2000		2001	
	in Mio.	in %	in Mio.	in %	in Mio.	in %	in Mio.	in %	in Mio.	in %
Gesamt	4,11	6,5	6,60	10,4	11,10	17,1	18,25	28,6	24,77	38,8
Geschlecht										
männlich	3,00	10,0	4,75	15,7	7,22	23,9	11,13	36,6	14,71	48,3
weiblich	1,11	3,3	1,85	5,6	3,89	11,7	7,12	21,3	10,06	30,1
Alter in Jahren										
14-19	0,29	6,3	0,73	15,6	1,44	30,0	2,40	48,5	3,33	67,4
20-29	1,27	13,2	1,91	20,7	2,89	33,0	4,59	54,6	5,49	65,5
30-39	1,44	12,4	2,24	18,9	2,89	24,5	4,95	41,1	6,05	50,5
40-49	0,74	7,7	1,12	11,1	2,00	19,6	3,31	32,2	5,21	49,3
50-59	0,33	3,0	0,46	4,4	1,55	15,1	2,22	22,1	3,24	32,2
60 und älter	0,04	0,2	0,13	0,8	0,33	1,9	0,78	4,4	1,45	8,1
Schulbildung										
Volks-/Hauptschule	0,44	1,3	0,93	2,9	1,55	4,9	2,37	7,5	4,77	17,9
weiterführ. Schule	1,14	5,9	1,53	7,5	3,22	15,7	6,57	31,4	8,48	45,4
Abitur	0,85	8,6	1,27	25,8	2,66	50,9	4,20	79,2	6,01	60,2
Studium	1,68	15,0	2,87	25,8	3,66	62,5	5,11	86,0	5,51	60,7
Berufstätigkeit										
in Ausbildung	0,96	15,1	1,58	24,7	2,44	37,9	3,83	58,5	5,20	79,4
berufstätig	3,03	9,1	4,62	13,8	7,66	23,1	12,78	38,4	16,10	48,4
Rentner	0,12	0,5	0,40	1,7	1,00	4,2	1,64	6,8	3,47	14,5

(Quelle: EIMEREN/GERHARD 2001: ARD/ZDF-Online-Studie, S. 383)

Anhang 2: Interview mit Ulrich Zuber (BVA)

Interview mit Ulrich Zuber, Leiter der Projektgruppe Informationsmanagement des Bundes-
verwaltungsamts (BVA)

Thema: *BAföG online* als Element der Verwaltungsmodernisierung im BVA

Ort: BVA, Barbarastraße 1, Köln

Datum: 30.10.2001 / 13:00 – 15:30 Uhr

1. Warum gehört BAföG überhaupt zum Aufgabenbereich des BVA?

2. Was genau sind die BAföG-Aufgaben des BVA und wie wird zwischen BMBF, Landes-
    ministerien, Hochschulen (Prüfungsämtern) und Studentenwerken koordiniert und ko-
    operiert?

3. Wie viele Beschäftigte hat das BVA im Bereich BAföG?

4. Welche Schwerpunkte setzt das BVA im Bereich der Verwaltungsmodernisierung?

5. Was leistet *BAföG online* bisher?

6. Weshalb werden gerade BAföG-Services im Internet angeboten? Wie kam es dazu? Gab
    es Koordinierungsschritte mit Bund, Ländern, Studentenwerken etc. im Vorfeld?

7. Welche Ziele werden durch *BAföG online* angestrebt? Wie wird die Zielerreichung ge-
    messen?

8. Wie wurde *BAföG online* umgesetzt?

9. Entstehen durch *BAföG online* im BVA dauerhafte Veränderungen in der Organisation
    und in den Bearbeitungsprozessen?

10. Gab es Entwicklungs- und Umsetzungsprobleme?

11. Wie ist die Reaktion der Adressaten bisher?

12. Was soll *BAföG online* zukünftig leisten? Wie sollen diese Ziele erreicht

Anhang 3: Interview mit Armin Holz (MWFK)

Interview mit Armin Holz, Leiter des Referats 11 (Organisation, Informationstechnik, Führungsinformationssysteme, Innerer Dienst) im MWFK Brandenburg sowie mit Herrn Liedecke, Referent des Referats 11 des MWFK Brandenburg

Thema: Einführung von *BAföG online* in Brandenburg

Ort: MWFK, Dortustraße 36, Potsdam

Datum: 16.11.2001 / 16:00 Uhr

1. Welche Schwerpunkte setzt das MWFK im Bereich der Verwaltungsmodernisierung, insbesondere im Bereich der IuK-Technik?

2. Welche Aufgaben hat das MWFK im Bereich BAföG und welche Kooperationen existieren dabei mit anderen Behörden und den Studentenwerken?

3. Engagiert sich das MWFK bereits im Internet im Zusammenhang mit BAföG?

4. Gab es in diesem Zusammenhang bereits Gespräche mit Mitarbeitern anderer Behörden (Bundesverwaltungsamt, BMBF) oder den Ämtern für Ausbildungsförderung?

5. Was beabsichtigt das MWFK zukünftig im Bereich *BAföG online*? Welche Vorteile kann ein solches Projekt für die Verwaltungsmodernisierung haben?

6. Welche Schritte sind dazu notwendig (Organisation, Personal, Koordination, Technik, Finanzierung) und wann könnten diese erfolgen?

7. Wie sollte die Arbeitsaufteilung zwischen MWFK und BAföG-Ämtern dazu aussehen bzw. die Koordination mit anderen Landes- oder Bundesbehörden?

8. Was könnten die Probleme bei der Einführung von BAföG-Dienstleistungen im Internet in Brandenburg sein?

Anhang 4: Interviews mit Helmut Ludwig (MWFK)

Interview 1 mit Helmut Ludwig, Referent im Referat 24 (Ausbildungsförderung) im MWFK Brandenburg

Thema: Einführung von *BAföG online* in Brandenburg

Ort: MWFK, Dortustraße 36, Potsdam

Datum: 20.11.2001 / 16:00 Uhr

1. Welche Schwerpunkte setzt das MWFK im Bereich der Verwaltungsmodernisierung, insbesondere im Bereich der IuK-Technik?

2. Welche Aufgaben hat das MWFK im Bereich BAföG und welche Kooperationen existieren dabei mit anderen Behörden und den Studentenwerken?

3. Engagiert sich das MWFK bereits im Internet im Zusammenhang mit BAföG?

4. Gab es in diesem Zusammenhang bereits Gespräche mit Mitarbeitern anderer Behörden (Bundesverwaltungsamt, BMBF) oder den Ämtern für Ausbildungsförderung?

5. Was beabsichtigt das MWFK zukünftig im Bereich *BAföG online*? Welche Vorteile kann ein solches Projekt für die Verwaltungsmodernisierung haben?

6. Welche Schritte sind dazu notwendig (Organisation, Personal, Koordination, Technik, Finanzierung) und wann könnten diese erfolgen?

7. Wie sollte die Arbeitsaufteilung zwischen MWFK und BAföG-Ämtern dazu aussehen bzw. die Koordination mit anderen Landes- oder Bundesbehörden?

8. Was könnten die Probleme bei der Einführung von BAföG-Dienstleistungen im Internet in Brandenburg sein?

Interview 2 mit Helmut Ludwig, Referat 24, MWFK Brandenburg

Thema: Klärung von Details zum BAföG-Verfahren

Ort: MWFK, Dortustraße 36, Potsdam

Datum: 12.12.2001 / 15:00 Uhr

1. Kann das MWFK bzw. die BAföG-Ämter die geforderten Angaben (z.b. Einkommensangaben der Eltern) auch selbst beim Finanzamt oder bei Banken und Versicherungen erfragen?

2. Werden Stichproben gemacht, um zu prüfen, ob der Antragsteller alles wahrheitsgemäß angegeben hat? Wie und wie viele?

3. Wie viele Anträge werden im Kontrollverfahren im MWFK nachgerechnet?

4. Wie lange dauert die Antragsbearbeitung durchschnittlich?

Anhang 5: Interview mit Frau Skaley (LDS)

Interview mit Frau Skaley, Leitstelle BAföG im Landesbetrieb für Datenverarbeitung und Statistik (LDS) des Landes Brandenburg

Thema: Bearbeitungsprozess von BAföG-Anträgen in Brandenburg

Ort: LDS, Dortustraße 46, Potsdam

Datum: 13.11.2001 / 10:00 Uhr

1. Wie werden die Daten von den BAföG-Ämtern an den LDS gesendet. Sind Ämter für Ausbildungsförderung ans Landesverwaltungsnetz angeschlossen?

2. Womit wird die Förderhöhe der BAföG-Anträge ausgerechnet (§ 39(4) BAföG)?

3. Wer versendet die Bescheide an die Auszubildenden? Die Ämter oder der LDS direkt?

4. Wie werden die Daten der Darlehensempfänger ans Bundesverwaltungsamt gesendet?

5. Wie wird das BAföG-Verfahren aktualisiert und modernisiert? Welche Koordinierungsgremien im Bezug auf BAföG und Informatik existieren zwischen Bund und Ländern?

Anhang 6: Interview mit Herrn Duckerschein (STW Potsdam)

Interview mit Herrn Duckerschein, Leiter des Amts für Ausbildungsförderung des Studentenwerks Potsdam

Thema: BAföG-Antragstellung und *BAföG online*

Ort: Studentenwerk Potsdam, Friedrich-Ebert-Straße 4, Potsdam

Datum: 13.12.2001 / 9:00 Uhr

1. Wie Mitarbeiter hat das Amt für Ausbildungsförderung des Studentenwerks Potsdam? Wie viel Zeit wird durchschnittlich für einen BAföG-Antrag benötigt?

2. Welches System wird zur Übertragung der Angaben auf dem Formblatt in eine Datei verwendet? Was leistet dieses System zusätzlich? Wie gelangen die Dateien anschließend in den LDS?

3. Wie viele BAföG-Anträge werden durchschnittlich fehlerhaft oder unvollständig eingereicht? Kommen Anträge eher auf dem Postweg oder werden sie persönlich vorbeigebracht?

4. Welche Auswirkungen wird die zu erwartende steigende Anzahl von Anträgen durch das geänderte BAföG für das Amt haben?

5. Wie bewertet das Amt für Ausbildungsförderung das Internetangebot des BMBF bzw. den BAföG-Rechner? Kann es dazu beitragen, die Fehlerquote der eingehenden Anträge zu reduzieren?

6. Wie ist generell die Möglichkeit, BAföG-Anträge online zu übermitteln, aus Sicht des Studentenwerks Potsdam zu bewerten? Was wäre dabei besonders wichtig?

Anhang 7: E-Mail-Fragebogen an Frank Tönnissen (BMBF)

E-Mail-Befragung von Frank Tönnissen, Referent im Referat für Öffentlichkeitsarbeit im Bundesministerium für Bildung und Forschung (BMBF), 4. Dezember 2001

Sehr geehrter Herr Tönnissen,

mein Name ist Axel Heinz und ich schreibe gerade an der Universität Potsdam meine Diplomarbeit zum Thema Electronic Government, wobei ich *BAföG online* als praktische Fallstudie untersuche. Ihre Mitarbeiterin Frau Dorow gab mir Ihre E-Mail-Adresse, damit ich einige Fragen zu meiner Arbeit an Sie richten kann. Einige Angaben dazu habe ich bereits telefonisch von Ihren Mitarbeitern Herrn Thiel und Herrn Hummerich erhalten. Für meine Darstellung würde ich nun gerne noch Folgendes wissen:

- Wie häufig wird die Seite *www.das-neue-bafoeg.de* jeden Monat im Durchschnitt besucht? Eine statistische Übersicht wäre sehr hilfreich für mich.

- Wie ist die Reaktion der Seitenbesucher (E-Mails, Anrufe etc.) bisher zu bewerten bzw. was sind typische Anregungen, Fragen, Kritiken ?

- Wer hat den BAföG-Rechner entwickelt (ausschließlich die Datenzentrale Baden-Württemberg?) und wer ist an der Herstellung der CD-Rom beteiligt? Gibt es für das Rechenverfahren eine bestimmte Vorgabe (Gesetz, Verordnung), an die alle Länder ihre Verfahren anpassen müssen?

Vor einer Woche habe ich bereits eine Mail ähnlichen Inhalts an das Referat für Öffentlichkeitsarbeit gesendet. Bitte betrachten Sie diese E-Mail als gegenstandslos, wenn sie bei Ihnen eintrifft, da ich einen Teil der Antworten bereits auf anderem Wege erhielt. Für die Beantwortung der Fragen dieses Schreibens wäre ich Ihnen jedoch sehr dankbar.

Mit freundlichen Grüßen,

Axel M. Heinz

Anhang 8: E-Mail-Fragebogen an Uwe Pfeiffer (DZBW)

E-Mail-Befragung von Uwe Pfeiffer, Projektleiter in der Datenzentrale Baden-Württemberg , 10. Dezember 2001

Sehr geehrter Herr Pfeiffer,

mein Name ist Axel Heinz und ich schreibe an der Universität Potsdam gerade meine Diplomarbeit zum Thema "E-Government und Verwaltungsmodernisierung". Nach einem theoretischen Teil untersuche ich ein konkretes Fallbeispiel und habe mich dabei für *BAföG online* entschieden. Zum Umsetzungsstand habe ich bereits Interviews im Bundesverwaltungsamt und im brandenburgischen Ministerium für Wissenschaft, Forschung und Kultur (MWFK) durchgeführt. Nachdem die Rückzahlung von BAföG bereits über das Internet möglich ist, ist nun die elektronische Antragstellung für meine Untersuchung von Interesse.

Ich wäre Ihnen daher sehr dankbar, wenn Sie mir Antworten oder Informationsmaterial zu folgenden Fragen senden könnten:

1. Was wird die CD-ROM, welche Sie auf den BAföG-Internetseiten des BMBF ankündigen, beinhalten und wann wird sie verfügbar sein? Wird es damit auch möglich sein, Antragsformulare auf BAföG-Leistungen am Bildschirm auszufüllen, was derzeit auf den Internetseiten nicht möglich ist?

2. Wie kann die Weiterentwicklung des BAföG-Rechners dazu beitragen, fehlerhafte Anträge zu vermeiden, bzw. den Beratungsaufwand der Ämter zu verringern? Arbeiten Sie dabei mit den BAföG-Ämtern zusammen?

3. Ist daneben von Ihrer Seite aus vorgesehen, in Kooperation mit anderen Behörden (z.B. Landesministerien, BAföG-Ämtern, Bundesverwaltungsamt ...) eine vollständige elektronische Antragstellung von BAföG zu realisieren? Werden dazu elektronische Signaturen erforderlich sein, da die Anträge von mehreren Personen unterzeichnet werden müssen oder wird eher über eine Vereinfachung des Verfahrens nachgedacht?

4. Wie könnte bzw. soll die Online-Beantragung von BAföG aus Ihrer Sicht umgesetzt werden?

Mit freundlichen Grüßen und herzlichem Dank,

Axel M. Heinz

Anhang 9: Telefoninterview mit Jan-Ole Püschel (HBI)

Telefoninterview mit Jan-Ole Püschel, Mitarbeiter des Hans-Bredow-Instituts für Medienforschung an der Universität Hamburg

Thema: *BAföG online* und digitale Signaturen

Datum: 10. Dezember 2001

1. Im § 46 (1) BAföG wird ein schriftlicher Antrag für die Entscheidung über Förderleistungen erwähnt. Bedeutet dies, dass zur Zeit noch kein Antrag in elektronischer Form gestellt werden kann?

2. Welche Gesetzesänderungen müssten eintreten, damit BAföG auch in elektronischer Form beantragt werden kann?

3. Ist eine Art Generalklausel wie im Privatrecht denkbar oder müsste das BAföG als Fachgesetz separat geändert werden?

Weitere Studien zum Thema „Electronic Government"

Diese und weitere Studien aus dem Bereich der Verwaltungsbetriebslehre finden Sie im Online-Katalog unter www.diplom.de:

E-Government
Chance für Verwaltungsmodernisierung
J. Leiding / Bremen / 2001 / 194 Seiten / 198,00 EUR / Best.-Nr. 4188

Change Management zur Unterstützung von Verwaltungsreformprozessen
B. Meyer / Hamburg / 2000 / 61 Seiten / 198,00 EUR / Best.-Nr. 2861

Public Private Partnership
Eine neue Leitidee für deutsche Hochschulen?
P. Brosch / Reutlingen / 2000 / 101 Seiten / 198,00 EUR / Best.-Nr. 2187

Einführung eines Controlling-Berichtswesens in einer mittelgroßen Kommunalverwaltung
Am Beispiel des Jugendamtes des Landkreises Osterholz
F. Wätjen / Bremen / 2000 / 108 Seiten / 198,00 EUR / Best.-Nr. 3263

Vorbereitung, Durchführung und Auswertung von Bürgerbefragungen, Bestandsaufnahme und kritische Analyse
Anhand von Beispielen aus der Praxis
A. Leonhardt / Ludwigsburg / 1999 / 110 Seiten / 198,-- EUR / Best.-Nr. 3016

Wissensmanagement in der kommunalen Verwaltung
C. Rohe / Aachen / 1999 / 72 Seiten / 198,00 EUR / Best.-Nr. 2458

Zur Öffnung der Kaufpreissammlung für Nutzer mit berechtigtem Interesse
M. Aberle / Frankfurt a. M. / 2001 / 105 Seiten / 198,00 EUR / Best.-Nr. 4420

Leistungslohn in der öffentlichen Verwaltung
M. Adolf / Hamburg / 1998 / 63 Seiten / 148,00 EUR / Best.-Nr. 1123

Aussagekräftige Inhaltsangaben und Inhaltsverzeichnisse zu den Studien können kostenlos und unverbindlich unter www.diplom.de eingesehen werden. Zu den oben genannten Preisen stehen die Studien direkt unter www.diplom.de als Download zur Verfügung.

Die Studien können auch gegen 5,00 EUR Aufschlag als Printausgabe oder auf CD-ROM online unter www.diplom.de oder per Fax unter 040 / 6 55 99 222 bestellt werden. Die Versandkosten werden mit 5,00 EUR in Rechnung gestellt.

Studierende erhalten auf den Preis vieler Studien eine Ermäßigung von 50 %.

Studien 2001

In der Reihe Studien 2001 sind im Buchhandel zudem erschienen:

Umgestaltung der Arbeitszeit
Bedeutung, Umsetzung und rechtlicher Hintergrund flexibler Arbeitszeitmodelle
K. Müller / Wismar / 2001 / 83 Seiten / 29,50 EUR / ISBN 3-8324-3140-3

Investmentfonds für die private Altersvorsorge
A. Vogelsang / Bochum / 2001 / 81 Seiten / 29,50 EUR / ISBN 3-8324-3236-1

Optimierung des Beschaffungsprozesses durch E-Procurement
D. Landeka / Darmstadt / 2001 / 187 Seiten / 29,50 EUR / ISBN 3-8324-4335-5

Rabattgesetz und Zugabeverordnung
Dargestellt am Beispiel der Lebensmittelbranche
C. Dietrich / Dortmund / 2001 / 80 Seiten / 29,50 EUR / ISBN 3-8324-4472-6

Credit Rating vor dem Hintergrund von Basel II
Dreh- und Angelpunkt des Firmenkredits
Z. Blažević / Köln / 2001 / 126 Seiten / 29,50 EUR / ISBN 3-8324-4489-0

Instrumente zur Kundenbindung im Internet
Dargestellt am Beispiel von Finanzportalen
J. Grote / Leipzig / 2001 / 77 Seiten / 29,50 EUR / ISBN 3-8324-4309-6

Online Marketing
Möglichkeiten der Kundenbindung über das Internet
D. Ulamec / Pforzheim / 2001 / 100 Seiten / 29,50 EUR / ISBN 3-8324-3218-3

Leistungsfähigkeit eines kennzahlengestützten Personalcontrolling
C. Dittmar / Frankfurt a.M. / 2001 / 65 Seiten / 29,50 EUR / ISBN 3-8324-3274-4